不动产登记原理与方法研究

王宗云 ◎ 著

吉林科学技术出版社

图书在版编目(CIP)数据

不动产登记原理与方法研究 / 王宗云著. -- 长春：吉林科学技术出版社，2022.4
ISBN 978-7-5578-9291-3

Ⅰ. ①不… Ⅱ. ①王… Ⅲ. ①不动产－产权登记－研究－中国 Ⅳ. ①D923.24

中国版本图书馆CIP数据核字(2022)第072704号

不动产登记原理与方法研究

著	王宗云
出 版 人	宛 霞
责任编辑	钟金女
封面设计	北京万瑞铭图文化传媒有限公司
制 版	北京万瑞铭图文化传媒有限公司
幅面尺寸	185mm×260mm
开 本	16
字 数	200千字
印 张	13.375
印 数	1-1500册
版 次	2022年4月第1版
印 次	2022年4月第1次印刷

出 版	吉林科学技术出版社
发 行	吉林科学技术出版社
地 址	长春市南关区福祉大路5788号出版大厦A座
邮 编	130118

发行部电话/传真　0431-81629529　81629530　81629531
　　　　　　　　　　　　81629532　81629533　81629534
储运部电话　0431-86059116
编辑部电话　0431-81629510
印　　刷　廊坊市印艺阁数字科技有限公司

书 号	ISBN 978-7-5578-9291-3
定 价	68.00元

版权所有　翻印必究　举报电话：0431—81629508

前言

不动产登记,是指国家法定的登记机构,依照法定程序,将申请人申请登记的不动产物权和其他相关事项记载在登记簿上的行为。不动产登记作为物权的公示方法,其意义主要体现为将物权的设立和变动对外公开,起到确权和保护交易安全的作用。《中华人民共和国民法典》规定:不动产物权的设立、变更、转让和消灭须依法办理登记才能发生效力;未经登记,不发生效力,但是法律另有规定的除外。由此可见,不动产登记对于物权确认和保护的重要性。[①]

在不动产登记实务中,登记机构虽然无法确认申请登记的不动产物权,但应当在力所能及的范围内保证记载在登记簿上的不动产物权和其他相关事项的合法性、真实性和有效性。因此,不动产登记机构和登记人员应当对申请人依照法律、法规和登记规则的规定提交的登记申请材料的合法性、真实性和有效性进行审核、判定,如:用于房地产权利转移登记的买卖合同是否已经生效;共有的土地承包经营权及地上林木所有权的分割协议是否符合相关法律规定等。

本书内容丰富、体系完整,共分为十章。第一章是不动产登记概论,充分调研当前国内外不动产登记现状,以及国内不动产登记面临的各种问题,详细阐述了不动产概念、特性和发展趋势;第二章阐述了不动产面积计算方法;第三章阐述了不动产的相关制度与政策;第四章对不动产产权产籍管理进行了详细的介绍;第五章针对不动产开发利用管理进行了详细的介绍;第六章对不动产市场进行了分析;第七章阐述了不动产登记的数据整合;第八章阐述了不动产登记信息管理系统;第九、第十章对不动产综合服务与资产管理进行了介绍。本书基于业务角度,注重实用性,在内容与结构上均做了精心设计和安排。各章节内容呈阶梯式,步步提升,更易于读者学习和掌握。

本书结合当今不动产发展的实际和结合科研成果进行编写,适应社会进步和教材改革的需要,注重教材的思想进步性、内容综合性、技术先进性,在书籍的体系和内容上从读者角度出发进行不断调整和完善,力求让读者更好地学习和理解不动产管理的相关知识,突出不动产管理的本质和特征。

---

① 质言之,不动产登记不是对不动产物权和其他相关事项的确认,而是将申请人基于民事活动设立、变更、转移和消灭的不动产物权和其他相关事项依法记载在登记簿上,在保护当事人合法权益的同时,供与之相关的其他人查阅、知晓,抉择是否与登记簿上记载的权利人产生交易。

目录

第一章 不动产登记概论 1
    第一节 不动产的概念演化 1
    第二节 不动产特征与特性 3
    第三节 不动产登记作用与意义 4
    第四节 不动产相关因素分析 6
    第五节 不动产登记发展趋势 9

第二章 不动产面积量算 11
    第一节 不动产面积量算的方法 11
    第二节 面积平差与测算精度 19
    第三节 土地面积计算 21
    第四节 房屋面积计算 23
    第五节 其他不动产类型面积计算 25
    第六节 不动产面积测算程序与整合 31

第三章 不动产制度与政策 34
    第一节 不动产管理法律的相关规定 34
    第二节 不动产法律体系 37
    第三节 不动产所有权制度 40
    第四节 建设用地使用权制度 46
    第五节 不动产经纪规范 58

第四章 不动产产权产籍管理 61
    第一节 不动产产权产籍管理概述 61
    第二节 土地产权产籍管理 66
    第三节 房屋产权产籍管理 80

第五章 不动产开发利用管理 90

第一节　不动产开发利用管理概述 …… 90
　　　第二节　土地开发利用管理 …… 91
　　　第三节　房地产开发利用管理 …… 108

第六章　不动产市场分析 …… 120
　　　第一节　不动产市场概述 …… 120
　　　第二节　不动产市场调查 …… 122
　　　第三节　不动产市场需求与供给分析 …… 129
　　　第四节　不动产市场区位分析 …… 135
　　　第五节　不同类型不动产市场分析 …… 138

第七章　不动产登记数据整合入库 …… 143
　　　第一节　不动产登记数据整合 …… 143
　　　第二节　数据整合入库 …… 151

第八章　不动产登记信息管理系统设计 …… 157
　　　第一节　不动产登记数据库管理系统 …… 157
　　　第二节　不动产登记信息发布系统 …… 160
　　　第三节　不动产登记业务管理系统 …… 162
　　　第四节　不动产登记三级联动监管系统 …… 164
　　　第五节　不动产登记档案管理系统 …… 166
　　　第六节　不动产登记公示查询系统 …… 169
　　　第七节　不动产登记信息协同与共享服务系统 …… 171

第九章　不动产综合服务管理 …… 174
　　　第一节　物业服务管理 …… 174
　　　第二节　设施管理 …… 182
　　　第三节　房地产经纪 …… 184

第十章　不动产的资产管理 …… 187
　　　第一节　不动产资产管理概述 …… 187
　　　第二节　国有不动产资产管理 …… 189
　　　第三节　公司不动产资产管理 …… 193
　　　第四节　商业地产资产管理 …… 198

参考文献 …… 206

第一章 不动产登记概论

第一节 不动产的概念演化

一、不动产定义

土地是人类赖以生存和发展的物质基础，是宝贵的、不可再生的自然资源，也是可持续利用的生产资料。在新的历史时期，国民经济与社会发展对土地的需求和利用提出了更高、更严格的要求。

不动产、动产是用物理形态划分的。动产主要指可以移动且移动后不改变性质、性状的财产。动产可分为实物形态的有形动产和不具有实物形态的财产。动产的种类很多，如黄金珠宝、钞票、机器设备、商标、各种生活日用品等都属于动产。

不动产是指土地、房屋、建筑物以及附着于或蕴含于其上的其他物。土地、房屋、建筑物、生成林木、矿藏资源等均可以作为独立的不动产；附着于或蕴含于土地的自然资源在分离前视为不动产；分离后，视为动产；土地使用权、土地承包经营权等土地权利为不动产。需要说明的是，植物的果实尚未采摘、收割之前，树木尚未砍伐之前，都是地上的定着物，属于不动产，一旦采摘、收割、砍伐下来，脱离了土地，则属于动产。

不动产的特点是与土地不能分离或者不可移动的，一旦与土地分离或者移动，将改变其性质或者大大降低其价值。例如，建筑物一旦移动或离开土地，就不成其为建筑物，其价值将大大降低。而动产则可以随意移动，其价值不受影响。

动产与不动产划分的历史可以上溯到罗马法时代。罗马法的动产与不动产是以能否移动和移动后是否改变其性质和损害其价值进行分类的。

不动产依自然性质不可移动，理所应当。依法律的规定不可移动，主要指移动（即与土地或者其他基本不动产分离）不经济，因而依法律规定不许其移动，从而保护物的使用价值的情形。不动产的范围包括土地和土地定着物，主要指建筑物。土地的生成物包括各种矿藏、植物（树木、草地）等，在与土地分离之前，依民法学家的通说，当然属于不动产。

不动产和动产的划分是物的最基本也是最重要的划分。这种划分对民事权利尤其对物权制度具有决定性的意义。不动产物权和动产物权的政治意义、经济意义有显著的不同。在法律上，不动产和动产的意义也有显著的不同。尤其是在物权法上，因不动产物权和动产物权的变动遵循着不同的公示原则（不动产物权的变动遵守登记原则，动产物权的变动遵守占有交付原则），有不同的物权体系设置（不动产物权种类齐备，用益物权基本上均为不动产物权，而动产物权基本上只有所有权和质权。担保物权体系中，不动产和动产的权利制度也有重大区分），所以这两种物权之间的区分对物权立法始终发挥着决定性的作用。

所以可以说一项房地产或一项不动产，但对于整体，则只能说不动产业或房地产业，不能说物业。

不动产、房地产、房产、地产、物业、土地这些定义和概念在使用上存在着一定的差异，需要加以注意。由于篇幅所限，加之房地产在不动产中占据了主要内容，在本教材中主要以地产和房产为例来讨论不动产测量和管理的内容。

二、概念的演化

国际上，现代民法体系关于不动产的概念界定有两种，一种是指不能被移动或移动后会毁损其经济价值的物，如土地、建筑物。此种体例为《德国民法典》《日本民法典》、我国旧民法和《意大利民法典》所采用，也成为大陆法系国家民法典之外英美法系财产法规定的概念。另一种是指其性质、用途、权利客体以及法律规定不能移动的财产，如房产、地产。此体例以法国民法典为代表。这两种分类标准的根本区别在于：前者认为，不动产归根到底是物，是不可动之物；而后者认为，不动产归根到底是权利，是不可动之物上的支配权利。

随着我国城市化进程的加速推进以及不动产登记制度的颁布与实施，

城市地产、农村土地的改革步伐正大步向前,人民大众与土地的关系正悄然变革。

对于土地的认知和定义,我国地理学家普遍赞成土地是一个综合的自然地理概念。认为土地"是地表某一地段包括地质、地貌、气候、水文、土壤、植被等多种自然要素在内的自然综合体"。鉴于土地在人类文明活动中所产生的作用和影响,可以明确土地的两项基本属性:资源属性和资产属性。其中资产属性逐步演化为我们现今理解的地产概念。

地产指在一定的土地所有制关系下作为财产的土地。简而言之,地产是在法律上有明确的权属关系的土地财产。地产包含地面及其上下空间,地产与土地的根本区别在于是否有权属关系。不动产是指依照自然性质或法律规定不可移动的财产,如土地、房屋、探矿权、采矿权等土地定着物、与土地尚未脱离土地生成物、因自然或者人力添附于土地并且不能分离其他物。

第二节 不动产特征与特性

一、不动产释义

不动产——动产的对称,是一个法律上的名词,其实即是物业,它包括土地及其上之房屋等不可移动、可以有固定地址的建筑物。动产与不动产的划分,是以物是否能够移动并且是否因移动而损坏其价值作为划分标准的。动产是指能够移动而不损害其价值或用途的物。不动产是指不能移动或者若移动则损害其价值或用途的物。

动产和不动产有时是可以互变的。例如,果园中果树上的果实,挂在果树上时是不动产,但是如果采摘了下来,就变成了动产。钢材、水泥等是动产,但是用其做成了房屋,就变成了不动产。

二、不动产的自然特性

不动产的自然特性如下。

第一,不可移动性:又称位置固定性,即地理位置固定。

第二,个别性:也称独特性、异质性、独一无二,包括位置差异、利用程度差异、权利差异。

第三,耐久性:又称寿命长久,土地不因使用或放置而损耗、毁灭,且增值。我国土地有使用年限。

第四，数量有限性：又称供给有限，土地总量固定有限，经济供给有弹性。

三、不动产的社会经济特性

不动产的社会经济特性如下。

第一，价值量大：与一般物品相比，不动产不仅单价高，而且总价大。

第二，用途多样性：也称用途的竞争、转化及并存的可能性，主要指空地所具有的特性。从经济角度上来看，土地利用的优先顺序：商业、办公、居住、工业、耕地、牧场、放牧地，森林、不毛荒地。

第三，涉及广泛性：又称相互影响，不动产涉及社会多方面，容易对外界产生影响。在经济学中称为外部性，分为正的外部性和负的外部性。

第四，权益受限性：由涉及广泛性引起。政府主要通过设置管制权、征收权、征税权和充公权四种特权进行管理。

第五，难以变现性：也称为变现力弱、流动性差，主要由价值高、不可移动，易受限制性等造成。影响变现的因素主要有不动产的通用性、独立使用性、价值量、可分割性、开发程度、区位市场状况等。

第六，保值增值性：增值指不动产由于面积不能增加、交通等基础设施不断完善、人口增加等，其价值随着时间推移而增加。保值是指不动产能抵御通货膨胀。

第三节 不动产登记作用与意义

不动产登记又称为不动产物权登记，是权利人，利害关系人申请国家确定的职能部门将有关申请人的不动产物权的事项记载于不动产登记簿的行为。建立不动产统一登记制度、整合不动产登记职责，是国务院机构改革和职能转变方案的重要内容，也是推进简政放权、减少多头管理、逐步实现一个窗口对外的有效举措，是完善社会主义市场经济体制、建设现代市场体系的必然要求。市场经济本质是产权经济，不动产统一登记制度就是不动产物权的确认和保护制度，明晰不动产物权是市场经济的前提和基础。其作用与意义如下。

一、更好地保护不动产权利人的合法财产权

实行统一登记后，将有效避免或减少相关不动产之间的权属界限不清、权利归属不明、权利互相冲突等问题，有效保护权利人的财产权益，保证各类不动产物权归属和内容得到最全面、统一、准确的明晰和确认，保障市场交易的安全，减少纠纷，增进社会的和谐安定，提高登记的准确性和权威性，更好地维护当事人的不动产物权。

二、提高政府治理效率和水平

多个部门都在办理不动产登记，各个部门都配备一套专门的人员、机构、场所以及设施设备等，国家不仅要为此多支付很多人力、物力成本，而且各部门之间的职能交叉容易导致部门间的争权夺利或者扯皮推诿，降低行政办事效率，甚至严重影响政府部门形象。实行统一登记，将房屋、林地、草原、土地以及海域登记的职责整合由一个部门承担，可以减少部门职责交叉和分散，大大降低政府行政成本，提高办事效率，提高政府的公信力，为建立健全社会征信体系创造条件。

三、方便企业、方便群众，减轻当事人的负担

分散登记时，在农村的当事人要分别到四个不同的部门办理四种不同的证件：《房屋所有权证》《集体土地使用证》《农村土地承包经营权证》《林权证》。城市居民和企业则最少要办两种证：《房屋所有权证》《国有土地使用证》。统一登记之后，将分散在多个部门的不动产登记职责整合为由一个部门承担，可以大大减轻当事人负担。通过减少环节、合并证照、减少收费、共享信息，最大限度地便民利民。

四、保障不动产交易安全，维护正常的市场交易秩序

原来由于房、地分别登记，导致房屋和土地分离的现象十分严重。不仅权利人办理登记不方便，而且交易相对人查询登记资料不容易，了解交易标的权利状况很困难。在房地产抵押时，要分别到房产部门和国土部门办理房屋抵押登记和土地抵押登记。现实中利用房屋和土地分别抵押骗取银行贷款的案例时有发生。统一登记之后，将最大限度地整合资源，进一步厘清政府与市场关系。只有产权明晰、权责清楚、法制健全，市场交易双方的权益才能够得到安全保障，市场才能灵，经济才能活。建立不动产登记信息依法

公开查询系统,将有效保障不动产交易安全,维护不动产市场的正常交易秩序,对激活沉淀资产、撬动经济发展有长远意义。

五、实行不动产统一登记,是全面深化改革中的一项十分重要的举措

如果不动产产权制度不完善,有序、安全的市场交易就无从谈起,与不动产相关的其他改革也就难以开展。可见,建立和实施不动产统一登记制度,是全面深化改革中的一项十分重要的改革,是构建中国特色社会主义市场经济体制的一项重要的基础性制度,是稳增长、促改革、调结构、惠民生的重要政策工具。

第四节 不动产相关因素分析

一、登记业务分析

要完成不动产登记,必须对登记业务组成、不动产登记类型、不动产权利说明等细节进行综合分析。

(一)登记业务组成

不动产统一登记主要涉及土地、房屋、草原、林地、海域以及将要纳入的农村土地承包经营权等,现有的各种登记业务基本上都出台了登记办法,对登记的相关工作做了明确规定。

(二)登记权利说明

1.土地权利确立

建设用地使用权登记:对国家所有的土地享有占有、使用和收益的权利所做的登记。

集体土地所有权登记:农村集体经济组织对其所有的土地享有占有、使用和收益的权利所做的登记。

宅基地使用权登记:农村居民在依法取得的集体经济组织所有的宅基地上建造房屋及其附属设施,并对宅基地进行占有、使用和有限制处分的权利所做的登记。

2.房屋登记

城市房屋登记:登记机构依法将房屋权利和其他应当记载的事项在房屋登记簿上予以记载的行为。

农村房屋登记：对依法利用宅基地建造的村民住房和依法利用其他集体所有建设用地建造的房屋所做的登记。

3. 农村承包经营权

农村集体经济组织成员或者农村集体经济组织以外的单位或个人，依据承包合同取得的对集体所有或国家所有由农民集体使用的农村土地，从事农业经营并取得收益的权利。

4. 林权登记

林权是一种重要的财产权，是权利主体对林木和林地拥有的一种财产上的权利，主要包括林木、林地所有权和林地使用权。按照现行法律规定，我国实行土地公有制度，林地分别属于国家和集体所有。国家所有的林地可以确定给国有单位和集体单位以及个人使用、经营，集体所有的林地可以承包到农户或者通过出租等方式确定给集体经济组织以外的人使用、经营。

5. 草权确立

我国的草原分国家所有和集体所有两种所有制形式。依据《中华人民共和国草原法》，我国草原属于国家所有，由法律规定属于集体所有的除外。国家所有的草原，可以依法确定给全民所有制单位、集体经济组织等使用。确认集体所有的草原或者依法确定给集体经济组织使用的国家所有的草原，可由本集体经济组织内的家庭或者联户承包经营。

6. 海域、海岛使用权确立

海域使用权登记是指依法对海域的权属、面积、用途、位置、使用期限等情况以及海域使用权派生的他项权利所做的登记，包括初始登记、变更登记、注销登记、抵押登记和其他登记等。无居民海岛使用权登记是指依法对无居民海岛的权属、面积、用途、位置、使用期限、建筑物和设施等情况所做的登记，颁发无居民海岛使用权证书或者无居民海岛使用临时证书。

（三）登记流程

土地登记的基本程序可分为土地登记申请、地籍调查、权属审批、注册登记、核发证书等步骤，类型主要包括土地总登记、土地初始登记、变更登记、注销和其他登记等。

房屋登记一般流程包括申请、受理、审核、记载于登记簿、发证，类型主要包括所有权登记、抵押权登记、地役权登记、预告登记以及其他登记。

草原登记分为草原初始登记和草原变更登记，按照权属可以分为国有草原登记和集体草原登记。

林权登记包括初始、变更和注销登记。

海域使用权登记包括初始登记、变更登记和注销登记。

农村土地承包经营权登记包括家庭承包方式登记、其他承包方式登记和变更登记、注销登记等类型。

综上所述，不动产统一登记中所涉及的各类登记基本包括了不动产权利取得的初始登记、不动产权利性质变动驱动的变更登记以及不动产权利或客体消亡的注销登记等，其登记的流程大致相同，只是在登记部门和登记内容上有所差别。

二、现存数据分析

长期以来，土地、房屋、林地、草原、海域等不动产登记职责分散在国土资源、住房和城乡建设、农业、林业、海洋等部门，基本上由县级部门承担（国有重点林区林权登记除外）。各部门都针对各自行业管理特点，制定了技术标准和规程。

登记的主要内容包括空间信息及其权属信息两个部分。各种类别的登记均记载了相关的空间信息，相比较而言，土地登记的空间信息要求最为严格，不但数据精度高，且全境覆盖。房屋登记中的空间信息和土地登记使用权宗地之间存在被包含的空间关系，即一个宗地范围内包含一个或多个房屋登记的空间信息。林权、承包经营权、草原权、海域使用权等实质上都属于用益物权，其确认和登记须以明确土地所有权为基础，但以现有的各类空间数据来看，与土地所有权图形数据之间没有进行衔接，存在相互矛盾和冲突的情况。

三、信息化现状分析

目前，土地、房屋、林地、草原、海域登记信息化在国土资源、住房和城乡建设、农业、林业、海洋等部门的信息化整体规划和推进下，都积累了丰富的数据资源，建立了登记信息系统，登记业务不同程度地实现了信息化。土地登记和房屋登记的信息化建设较为完善，使用信息系统进行登记与管理；林权登记、海域登记等各地信息化建设情况不一；草原登记、农村土地承包经营权的登记信息系统建设相对滞后。分散登记制度下形成的不动产信息化呈现出几个显著特征：一是登记资料分散保存在各级不同部门，且数字化程度不同，数据标准互不衔接，数据格式不统一，行业之间和行业内不同地区之间差异较大；二是数据库、地理信息系统等平台软件不统一，技术架构和技术路线不尽相同；三是行业或部门信息化统筹力度不同，数据和系统标准化程度不一。

第五节 不动产登记发展趋势

一、政府部署与规划

根据国土资源部部署，2018年前，不动产登记信息管理基础平台和登记查询系统投入运行。平台将通过数据交换接口等方式，实现土地、房屋、草原、林地、水域滩涂、海域海岛等审批、交易和登记信息实时互通共享。国土资源部发布的最新规划表示，从2014年开始，通过基础制度建设、逐步衔接过渡、统一规范实施，用3年左右的时间能够全面实施不动产统一登记制度，用4年左右的时间能够运行统一的不动产登记信息管理基础平台，实现不动产审批、交易和登记信息实时互通共享以及依法查询，形成不动产统一登记体系。2014年建立统一登记的基础性制度，2015年推进统一登记制度的实施过渡，2016年全面实施统一登记制度，2018年前不动产登记信息管理基础平台投入运行，不动产统一登记体系基本形成。

二、政策推进与执行

当前，国土资源部成立不动产登记局，不动产登记工作正紧锣密鼓地向前推进。

国土资源部官网发布了不动产登记的重要配套规范性文件《不动产登记暂行条例实施细则》（以下简称《细则》），对集体土地所有权登记、国有建设用地使用权及房屋所有权登记、宅基地使用权及房屋所有权登记等各种不动产权利的登记都做出了更为细致的规定。《细则》从2016年1月1日起正式实施。

2016年5月30日，国土资源部印发《不动产登记操作规范（试行）》（以下简称《规范》），对不动产登记的基本原则、程序、内容、各种登记的审核要点和登记资料的管理等进行全面细化规范，推动不动产登记法治化、规范化和标准化建设。作为一项全新的制度，统一登记制度真正在基层落地生根，需要更具可操作性、适用性的规范。

从《条例》到《细则》，再到《规范》，一步一步踏实推进不动产统一登记制度在基层落地，有利于不动产登记业务规范化，标准化，有利于便民利民优质服务，有利于登记工作人员熟练掌握业务。

第二章 不动产面积量算

第一节 不动产面积量算的方法

一、面积测算的基本要求

第一，土地面积测算应在聚酯膜原图上进行，如果采用其他材料的图纸，就必须考虑图纸伸缩变形的影响。

第二，土地面积测算，无论采用哪种方法，都应该独立进行两次测算（坐标法除外）。两次测算结果的较差要求与测算方法和面积大小有关。

二、面积量算的含义与种类

面积量算是不动产权籍调查和不动产登记过程中必不可少的工作。面积量算系指水平面积量算，面积量算的内容包括宗地（宗海）面积、地类面积、宗地内建筑占地面积，建筑面积量算与面积汇总统计。面积量算为不动产登记发证、汇总统计、出让、转让、征收（用）等提供技术性服务，并具有法律效力。面积量算方法主要有解析法和图解法两种。

（一）解析法

解析法是根据实测的数值计算宗地面积的方法，包括坐标法和几何要素法。坐标法通常是指对一个不规则的几何地块，测出该地块边界转折点的坐标值，再利用坐标法面积计算公式算出地块的面积；几何要素法则是根据实地测量有关的边、角元素进行面积计算的方法。将规则图形分割成若干个简单的矩形、梯形或三角形等简单的几何图形，分别计算图形面积并相加则可得到所需面积的数据。

（二）图解法

图解法是在地籍图上量取求积所需元素或直接在地籍图上量取面积的

方法，主要包括图解坐标法、光电面积量测仪法、求积仪法、几何法、方格网法及网点法等。其共同特点是可以很快地得到图形的面积，计算方法较简单，没有复杂的运算，但面积测算的精度比解析法低。图解法主要用于土地利用调查。

一般来说，土地面积测算遵循"整体到局部，先控制后碎部"的原则，即以图幅理论面积为基本控制，按图幅分级测算，依面积大小比例平差原则。

在城镇地籍中通常以平方米为面积的基本单位，大面积可采用公顷或平方千米为基本单位，农村地籍中常以公顷和亩为土地面积测算基本单位。

此外，面积测算还有电算法、沙维奇法、求积仪法和膜片法等方法。通常而言，解析法精度高于图解法精度，电算法精度高于沙维奇法精度，沙维奇法精度又高于求积仪法精度，求积仪法精度又高于膜片法精度。

三、面积量算的常用方法

（一）坐标法

通常坐标法也称直接解析法。一个地块的形状是一个任意多边形，其范围内可以是一个街道的土地，也可以是一个宗地，或一个特定的地块。坐标法是指按地块边界的拐点的坐标计算地块面积的方法。其坐标可以在野外直接实测得到，也可以从已有地图上图解得到，面积的精度取决于坐标的精度。当坐标值越精确，图解得到的面积精度也就越高。

当地块很不规则甚至某些地段为曲线时，可以增加拐点，测量其坐标。曲线上拐点愈多，形状就愈接近曲线，计算出的面积精度愈高。

（二）几何要素法

几何要素法是指将多边形划分成若干简单的几何图形，如三角形、梯形、四边形、矩形等，在实地或图上测量边长和角度，以计算出各简单几何图形的面积，再通过运算计算出多边形总面积的方法。

（三）膜片法

膜片法是指用伸缩性小的透明的赛璐珞、透明塑料、玻璃或摄影软片等制成等间隔网板、平行线板等膜片，把膜片放在地图上适当的位置进行土地面积测算的方法。常用的方法有格值法（包括格网法和格点法）、平行线法等。结合实际工作经验，在此着重介绍格值法。格值法是指在膜片上建立一组有单位面积值的格子或点子，然后用这些不连续的格子或点子去逼近一个连续的图斑（地块），从而完成图上面积测算的方法。该方法的优点是简便快速，但是图形边缘若是不完整的格网，则需要目视估计，因此容易造成误差，并难以控制。

1. 格网法

格网法也称方格法，是在透明板材上建立起互相垂直的平行线，平行线间的间距为1mm，则每一个方格是面积为1mm²的正方形，把它的整体称为方格网求积板。

图2-1中abmn为需要量测的图形，可将透明方格网覆于该图形的上面，首先按照图内各类面积区域线条数完整的方格进行计数，再统计和估读被图形边线分割的非整格面积，两者相加即得图形面积，最后可以按照比例尺换算成实地面积。

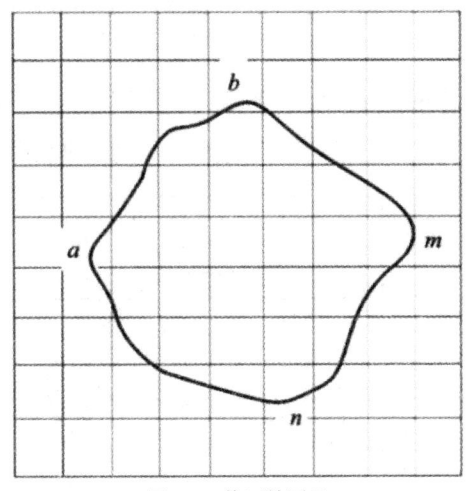

图2-1 格网法图示

2. 格点法

将上述方格网的每个交点绘成0.1mm或0.2mm直径的圆点。去掉互相垂直的平行线，则点值（每点代表图上的面积）就是1mm²。假设相邻点子的距离为2mm，则点值就是4mm²。

图2-2中abcd为待测的图形，将格点求积板放在图上数出图内与图边线上的点子，则按下列公式可求出图形面积：

$$P = (N - 1 + L / 2) D$$

式中，N为图形内的点子数；L为图形轮廓线上的点子数；D为点值。

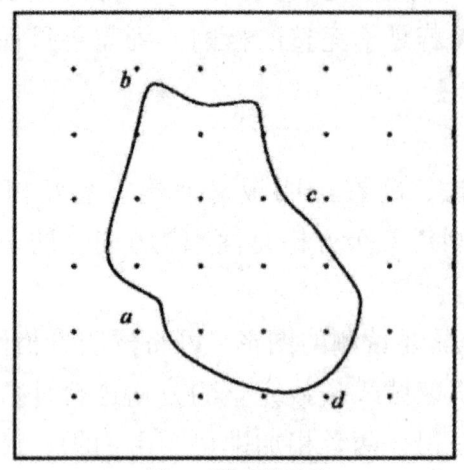

图 2-2 格点法图示

从图 2-2 中得出：$N=11$，$L=2$。设 $D=1\text{mm}^2$，则 $P=11.0\text{mm}^2$。

（四）沙维奇法

沙维奇法比较适用于大面积的测算，其优点在于减少了所量图形的面积，降低了人为估算的误差，提高了精度。其原理如图 2-3 所示。

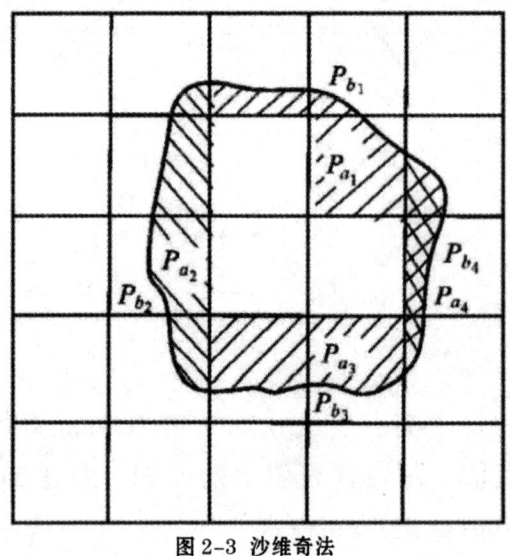

图 2-3 沙维奇法

构成坐标方里网的整数部分面积 P_0 不量测，只需测定不足整格部分 P_{a_1}、P_{a_2}、P_{a_3} 与 P_{a_4} 的面积和以及与之对应构成整格的补格部分 P_{b_1}、P_{b_2}、P_{b_3} 与 P_{b_4} 的面积。从图 2-3 上可以看出整格面积 $P_1=P_{a_1}+P_{b_1}$，

$P_2 = P_{a_2} + P_{b_2}$，$P_3 = P_{a_3} + P_{b_3}$，$P_4 = P_{a_4} + P_{b_4}$。

（五）求积仪法

求积仪是一种以地图为对象测算土地面积的仪器，最早使用的是机械求积仪，由于科技的进步，近年来研制出多种数字式求积仪，如数字求积仪、光电求积仪等。

1. 数字求积仪

在国内市场上，此种仪器来源于日本的测机舍，主要型号有两种：定极式 KP-80（图 2-4）、动极式 KP-90（图 2-5）。

用 KP-80 和 KP-90 可求出允许测量面积范围内的任意闭合图形的面积，通过面积的累加计算，可求出多次量测值（可多达 10 次）的平均值。测算时可选择比例尺和面积单位，测量精度在 ±0.2% 以内。

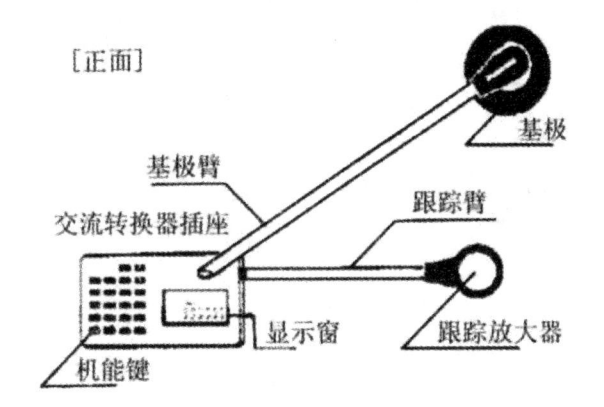

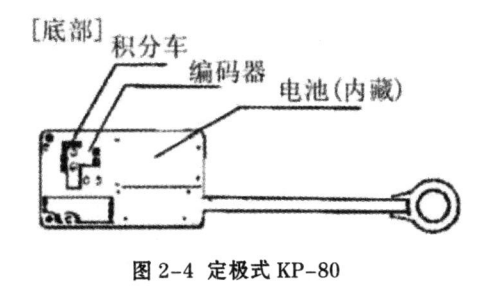

图 2-4 定极式 KP-80

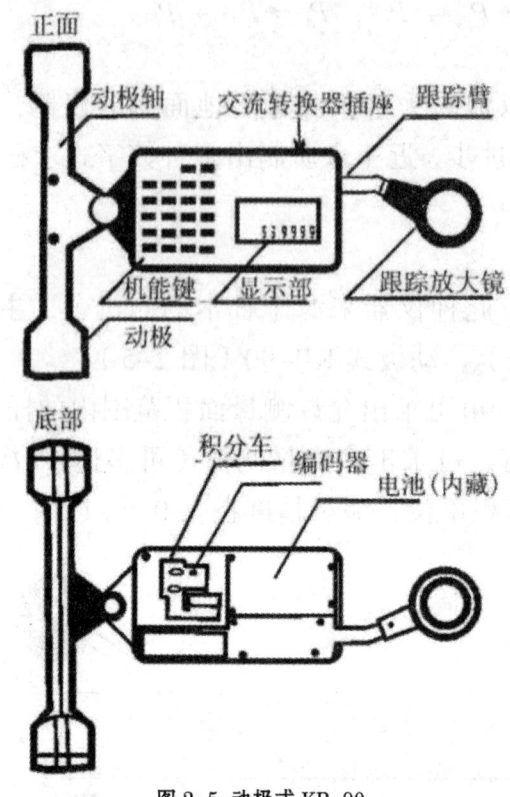

图 2-5 动极式 KP-90

2. 光电求积仪

光电求积仪是利用光学、电学以及机械传动三结合的精密量测仪器，利用光电对地图上要量测的地块图形进行扫描，并通过转换处理，通过分割求和，变成脉冲信号，从而计算出地块的面积。光电求积仪主要有光电面积量测仪与密度分割仪两种，具有速度快、精度高（当然低于解析法）等优点，但仪器价格昂贵。

（六）电算法

电算法测算面积是指数字化器与计算机联合进行图形面积量算。数字化器是指手扶跟踪数字化器，使用时，将图形轮廓拐点作起点，使指示器十字丝交点对准改点，启动开关，记录改点坐标；然后沿图形边界顺时针移动手扶跟踪器，根据图的特点，每隔一定距离量取一点坐标，并自动记录存储，直至返回起点记录坐标，还可自动调节坐标闭合差。将记录的坐标输入计算机时，可根据坐标法计算公式计算出图形面积。该方法的精度直接与作业人

第二章 不动产面积量算

员的熟悉程度有关，还与特征点密度有关。一般的，点越密，图形越逼真；但点多又会增加对点误差，因此，取点密度要适当。

（七）地球表面倾斜面的面积测算

地球表面通常都不是一个平面，若地面起伏不大，可近似地看成一个水平面，这里介绍一个倾斜面或近似倾斜面的面积求算。

如图 2-6 所示，设 P_a 为自然地表倾斜面的面积，P_o 为 P_a 所对应的水平面积，其倾斜角为 α（单位为 rad），则：

$$P_a = b \times L_a = b \times \frac{L_o}{\cos \alpha} = \frac{P_o}{\cos \alpha}$$

$$\cos \alpha = 1 - \frac{\alpha^2}{2!} + \frac{\alpha^4}{4!} = \cdots$$

α 为弧度，取前两项，可得近似公式为：

$$P_a \approx \frac{P_o}{1 - \frac{\alpha^2}{2}} \approx P_o \left(1 + \frac{\alpha^2}{2}\right)$$

其中，$\alpha^2/2$ 即为倾斜自然地表面图形面积的修正数。用不同的 α，可以算出 α 的大小对面积的影响情况。

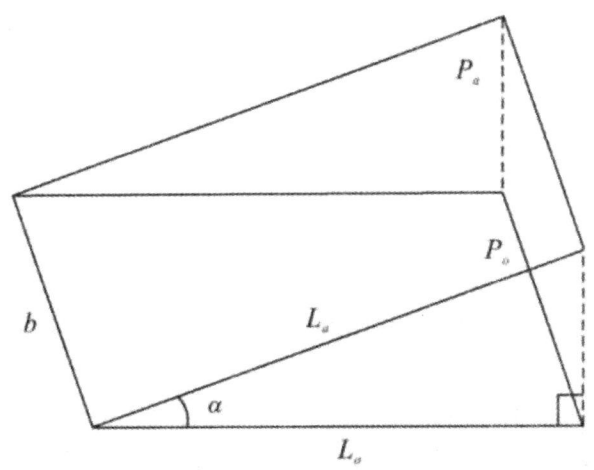

图 2-6 倾斜面积与水平面积图示

（八）地块在某一投影面的面积测算

地形图和地籍图的投影面一般是与大地水准面符合相当好的参考椭球面。在有的地方（如我国海拔较高的西部地区），也用与参考椭球面相平行的椭球面作为投影面，以方便地形图和地籍图的施测和使用。在地籍管理工作中，往往需要测算地球表面的水平面面积。在局部地区，投影面可近似看成水平面，如图2-7所示。

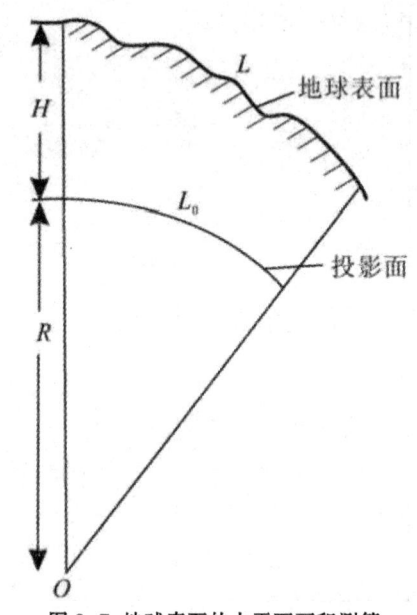

图2-7 地球表面的水平面面积测算

设 L 为地球表面的水平长度，L_0 为 L 投影面的长度，H 为地表水平面到投影面的高程，R 为地球半径，则有：

$$\frac{L}{L_0} = \frac{R+H}{R} = 1 + \frac{H}{R}$$

由于相似图形面积之比等于其相应边平方之比，则有：

$$\frac{P}{P_0} = \left(\frac{L}{L_0}\right)^2 = 1 + \frac{2H}{R} + \frac{H^2}{R^2}$$

略去微小项 $\frac{H^2}{R^2}$，则得：

$$P = P_0 \left(1 + \frac{2H}{R}\right)$$

式中，P 为地球表面的图形面积；P_0 为图形在投影面上的面积；$2H/R$ 为图形面积由地面高程引起的修正系数。

第二节 面积平差与测算精度

一、土地面积平差

（一）平差原则

平差遵循"从整体到局部，层层控制，分级测算，块块检核，逐级按比例平差"的原则，即要做到分级控制、分级测算、分级平差。

第一，按两级控制、三级测算。第一级：以图幅理论面积为首级控制。当各区块（街坊或村）面积之和与图幅理论面积之差小于限差值时，将闭合差按面积比例配赋给各区块，得出各分区的面积。第二级：以平差后的区块面积为二级控制。当测算完区块内各宗地（或图斑）面积之后，其面积和与区块面积之差小于限差值时，将闭合差按面积比例配赋给各宗地（或图斑），则得宗地（或图斑）面积的平差值。

第二，在图幅或区块内，采用解析法测算的地块面积，只参加闭合差的计算，不参加闭合差的配赋。

（二）平差方法

由于量测误差、图纸伸缩的不均匀变形等原因，容易导致测算出来的各地块面积之和 $\sum P_i'$ 与控制面积不等，若在限差内则可以进行平差配赋，即：

$$\Delta P = \sum_{i=1}^{k} P_i' - P_0$$

$$K = -\Delta P / \sum_{i=1}^{k} P_i'$$

$$V_t = K P_i'$$

$$P_i = P_i' + V_i$$

式中，ΔP 为面积闭合差；P_i' 为某地块量测面积；P_0 为控制面积；K 为单位面积改正数；V_i 为某地块面积的改正数；P_i 为某地块平差后的面积。

平差后的面积应满足检核条件：

$$\sum_{i=1}^{k} P_i - P_0 = 0$$

二、控制面积测算

控制是相对的，二级被一级控制，然而又要对下一级起控制作用。控制级别越高，精度要求就越高。控制面积测算的方法有三种：

第一，坐标法。测量控制区块界线拐点的坐标，根据坐标法面积计算公式计算其面积。

第二，图幅理论面积法。土地面积测算通常以图幅为单位。图幅有两种，即梯形与正（矩）方形分幅。图幅大小均是固定的，面积可直接计算或从相关书籍中查取。

第三，沙维奇方法。在难以采用上述方法时，可采用沙维奇法。其精度低于上述两种方法，适用于测算面积较大的情况。

三、土地面积测算的精度要求

（一）两次测算较差要求

1. 求积仪测算

求积仪对同一图形两次测算，分划值的较差应不超过表2-1的规定。

表2-1 求积仪对同一图形两次测算的分划值的较差

求积仪量测分划值数	允许误差分划数
< 200	2
200 ~ 2000	3
> 2000	4

2. 其他方法测算

同一图斑两次测算面积较差与其面积之比应小于表2-2的规定。

表2-2 同一图斑两次测算面积较差与其面积之比

图上面积（mm^2）	允许误差
< 20	1/20
50 ~ 100	1/30
100 ~ 400	1/50
400 ~ 1000	1/100
1000 ~ 3000	1/150
3000 ~ 5000	1/200
> 5000	1/250

（二）土地分级测算的限差要求

为了保证土地面积测算成果精度，通常按分级与不同测算方法来规定它们的限差。

（1）分区土地面积测算允许误差，按一级控制要求计算，即：

$$F_1 < 0.0025 P_1 = P_1 / 400$$

式中，F_1 为与图幅理论面积比较的限差（公顷）；P_1 为图幅理论面积（公顷）。

（2）土地利用分类面积测算限差，作为二级控制，分别按不同公式计算。

求积仪法：$F_2 \leqslant \pm 0.08 \times \dfrac{M}{10000} \sqrt{15 P_2}$

方格法：$F_3 \leqslant \pm 0.1 \times \dfrac{M}{10000} \sqrt{15 P_2}$

式中，F_2、F_3 为不同测算方法与分区控制面积比较的限差（公顷）；M 为被量测图纸的比例尺分母；P 为分区控制面积（公顷）。

第三节 土地面积计算

土地面积亦称宗地面积，是最常见的不动产面积之一，是指一宗地权属界址线范围内的土地面积。

一、不同类型宗地面积测算的项目及关系

由于目前各地区使用建筑结构不同，土地使用情况也不同。现在有以下几种方法供参考。

（一）独立宗地面积测算的项目及关系

第一，用地面积，即宗地面积。

第二，建筑占地面积，即基底面积。

第三，其他面积，指宗地内基底面积以外的面积。

以上各项的关系是：用地面积 = 基底面积 + 其他面积。

（二）组合宗地面积测算的项目及关系

第一，共有使用权面积，即宗地总面积。

第二，权利人用地面积，即各权利人应拥有的土地面积。

第三，分摊基底面积，即各权利人应分摊到的基底面积。

第四，分摊共用面积，即各权利人应分摊到的除基底面积以外的土地面积。

第五，权利人的其他面积，如自购花园面积等。

以上各项的关系是：权利人用地面积＝分摊基底面积＋分摊共用面积＋权利人的其他面积。

二、土地面积分摊原则及方法

（一）土地面积分摊原则

（1）各权利人在获得房地产时已签订了合约，明确各权利人应拥有的房地产份额或面积的，登记时则按合约明确的份额或面积计算各权利人的用地面积。

（2）原没有明确各权利人用地面积的，则以各权利人拥有的房屋建筑面积按比例分摊土地面积。分摊时先分摊基底面积，然后再分摊共用面积。

（二）土地面积分摊方法

1. 常用分摊法

（1）分摊基底面积（建筑占地面积）的计算式：

分摊基底面积 = 本栋建筑面积 ÷ 本栋基底面积 × 权利人建筑面积

（2）分摊共用面积的计算式：

分摊共用面积 =（公共使用权面积 − 宗地总基底面积）÷ 宗地总建筑面积 × 权利人建筑面积

一宗地中若具有不同土地类别且没有按照类别划分宗地，如需计算土地分类面积，可以从地形图、房地产现状图或宗地图上量算或按建筑面积近似分摊，各类用地面积之和应等于总用地面积。当一宗地按用途批准建设时，对于主要用途服务的配套设施用地可不另分类计算。例如，住宅小区里用地的小花园、绿化地、通行道路等，工业用地里的道路、绿化地、职工食堂、宿舍等。当只有一个权利人的宗地内房屋的用途不同时，如地面上能划清界限，则按上述方法处理，否则，按不同用途的房屋的建筑面积分摊土地面积，如综合性大楼（多为商业、办公、住宅混合型大楼）。

2. 土地价值最大化分摊法

该方法适用于一层为商服，二层及以上为住宅的高层楼房（以商服为主）。这种方法主要是将土地使用权确定给第一层商业用户，住宅层只分摊院内土地面积，土地只作为附属形式存在，要求实现土地价值最大化。因为商服用地单位地价最高，第一层商业用户是土地的直接使用者，又是土地的直接受益者，这就决定了第一层作为商服用地的土地直接受益者实际上完全归一层土地使用者直接所有，而住宅用户却无此直接受益。如果将基底面积同二层及以上用户进行平均分摊就会造成征收土地有偿使用税费时只收取部分商服用地的税费，从而使土地资产无形中流失，而住宅楼层被平均分摊面积并收取税费就失去了公平、合理的原则。

3. 按土地用途分摊法或称地价分摊法

该方法适用于多用途楼房。由于土地用途不同、层数不同，土地产生的价值就不同，按照不同用途对土地进行分摊，确定使用者分摊多少土地面积，就相应承担多少土地有偿使用费税，被认为是一种比较公平、合理方法。

4. 楼价分摊法

适用于对相同用途不同层数的土地进行分摊。例如，甲、乙分别拥有同一幢楼中第一层、第二层，如果甲、乙享有同样的税费，就不合理。所以还应该利用楼价对统一用途不同层建筑享有土地进行分摊修正。由于不同层数的楼价是受市场因素影响的，而该楼的地价则不变，所以用楼价来修正地价是一种操作简单又合理的办法。

第四节 房屋面积计算

一、房屋面积计算的一般规定

面积测算系指水平面积测算。它分为房屋面积测算和用地面积测算两类，其中，房屋面积测算包括房屋建筑面积、房屋共有建筑面积、房屋产权面积、房屋使用面积等的测算。

各类面积测算必须独立测算两次，其较差应在规定的限差以内，取中数作为最后结果。量距应使用经检定合格的卷尺或其他能达到相应精度的仪器和工具。面积以平方米（m^2）为单位，取至$0.01m^2$。

二、房屋面积的计算范围

（一）全部计算面积的情形

第一，永久性结构的单层房屋按一层计算建筑面积，多层房屋按各层建筑面积的总和计算。

第二，房屋内的夹层、插层、技术层及楼梯间、电梯间等高度在2.20m以上的部分计算建筑面积。

第三，穿过房屋的通道，房屋内的门厅、大厅均按一层计算面积。门厅、大厅内的回廊部分，层高在2.20m以上的，按其水平投影面积计算。

第四，楼梯间、电梯（观光梯）井、提物井、垃圾道、管道井等均按房屋自然层计算面积。

第五，房屋面上属永久性建筑，层高在2.20m以上的楼梯间、水箱间、电梯机房及斜面结构屋顶高度在2.20m以上的部位，按其外围水平投影面积计算。

第六，挑楼、全封闭的阳台按其外围水平投影面积计算。

第七，属永久性结构有上盖的室外楼梯，按各层水平投影面积计算。

第八，与房屋相连的有柱走廊、两房屋间有上盖的柱的走廊，均按其柱的外围投影面积计算。

第九，房屋间永久性的封闭的架空廊道，按外围水平投影面积计算。

第十，地下室、半地下室及其相应入口，层高在2.20m以上的，按其外墙（不包括采光井、防潮层及保护墙）外围水平投影面积计算。

第十一，有柱或有维护结构的门廊、门斗，按其柱或外围结构的外围投影面积计算。

第十二，玻璃幕墙等作为房屋外墙的，按其外围投影面积计算。

第十三，属永久性建筑的车棚、货棚等，按柱的外围投影面积计算。

第十四，依坡地建筑的房屋，利用吊脚作架空层，有维护结构的，按其高度在2.20m以上部位的外围水平面积计算。

第十五，有伸缩棚的房屋，若其与室内相通的，伸缩缝计算建筑面积。

（二）仅计入一半建筑面积的情形

第一，与房屋相连、有上盖无柱的走廊、檐廊，按其维护结构外围水平投影面积的一半计算。

第二，独立柱、单排柱的门廊、车棚、货棚等属永久性建筑的，按其上盖的水平投影面积的一半计算。

第三，未封闭的阳台、挑廊，按其维护结构水平投影面积的一半计算。

第四，无顶盖的室外楼梯，按各层水平投影面积的一半计算。

第五，有顶盖不封闭的永久性的架空通廊，按外围水平投影面积的一半计算。

（三）不应计入建筑面积的情形

第一，层高小于2.20m的夹层、插层、技术层和层高小于2.20m的地下室、半地下室。

第二，突出房屋墙面的构件、配件、装饰柱、装饰性的玻璃幕墙、垛、勒脚、台阶、无柱雨棚等。

第三，房屋间无上盖的架空通廊。

第四，房屋的天面、挑台，天面上的花园、泳池。

第五，建筑物内的操作平台、上料平台及利用建筑物的空间安置箱、罐的平台。

第六，骑楼、过街桥的底层用作道路街巷通行的部分。

第七，利用引桥、高架路、高架桥、路面作为顶盖建造的房屋。

第八，活动房屋、临时房屋、简易房屋。

第九，独立烟囱、亭、塔、罐、池、地下人防干、支线。

第十，与房屋室内不相通的房屋间伸缩缝。

第五节 其他不动产类型面积计算

一、海域面积计算

海域面积的计算对于获取海域使用数据是非常关键的，也是取得海域使用权的重要基础。海域面积的计算是为海域使用单位以及个人提供准确、客观和科学的数据，为国家和地方海洋行政主管部门提供审批、确权、执法依据和监督管理信息，是维护国家海域所有权和海域使用权人合法权益的重要内容，是促进海域的合理开发和可持续利用的基础工作。

海域面积的测算是在宗海界址点明确的基础之上，主要通过数学方法计算得到。目前计算海域面积的方法主要包括椭球体表面的计算方法和平面面积的解析法。一般，用海面积较小，用平面面积来代替椭球体表面积；如果用海方式是大规模开放式养殖用海或者是大规模围填海工程，则应采用椭球体表面面积作为海域面积。

（一）参考椭球体面上的面积计算方法

依据《海域使用面积测量规范》的要求，海域使用测量面积应当采用在参考椭球体面上的面积计算方法。

椭球面上梯形面积计算方法如下：

设梯形面积的纬度差为 $\mathrm{d}B$，经度差为 $\mathrm{d}L$，则椭球面上微分梯形面积 $\mathrm{d}F$ 为：

$$\mathrm{d}F = MN \cos B\, \mathrm{d}B\, \mathrm{d}L$$

式中，M 为子午圈曲率半径；N 为卯酉圈曲率半径。

$$M = \frac{a(1-e^2)}{(1-e^2\sin^2 B)^{3/2}}$$

$$N = \frac{a}{\sqrt{1-e^2\sin^2 B}}$$

式中，a 为地球椭球长半径；e 为偏心率；B 为纬度；L 为经度。

对 $\mathrm{d}F$ 取定积分有：

$$F = \int_{L_1}^{L_2}\int_{B_1}^{B_2} MN \cos B\, \mathrm{d}B\, \mathrm{d}L = \frac{b^2}{2}(L_2-L_1) \times \left[\frac{\sin B}{1-e^2\sin^2 B} + \frac{1}{2e}\ln\frac{1+e\sin B}{1-e\sin B}\right]_{B_1}^{B_2}$$

对于椭球面上的任意多边形可分割成若干梯形小块，每个梯形小块运用公式计算出面积后求和即为椭球面上任意多边形的面积，即：

$$S = \sum_{i=1}^{n} F_i$$

其面积计算精度主要取决于测点精度和密度。由于该计算方法和过程比较复杂，实际应用中通常先依据其计算方法编制软件，在计算机上将测得的大地坐标输入后，直接求得海域使用面积。

（二）平面面积计算方法

待测海域面积是一个封闭不规则的曲面区域，根据平面上不规则区域面积的求解方法，推演出下面集中求海域面积的方法。

1. 弧长坐标法

海域面积测算的来源数据是地理坐标的经纬度。要使用平面坐标法的关键是处理由地理坐标到平面坐标的转换。弧长坐标法的原理：选取测得区域所有地理坐标中最小经度和最小纬度作为基准点0，其坐标为（B_0，L_0），用各坐标到基准点的地理弧长作为平面坐标的横纵坐标，再使用平面坐标法的计算方法来计算海域面积。

地理经度到横向坐标转换，即求取等纬圈弧长作为平面横坐标 x：

$$x = r(L - L_0) = \frac{a\cos B}{\sqrt{1 - e^2 \sin^2 B}} \times (L - L_0)$$

地理纬度到纵向坐标转换，即求取子午线弧长 X。求解要用到椭圆积分，现在方法一般是用多项式展开的方法来求取满足足够精度的近似解。求平面纵坐标 y 使用如下公式：

$$X = a_0 B - \frac{a_2}{2}\sin 2B + \frac{a_4}{4}\sin 4B - \frac{a_6}{6}\sin 6B + \frac{a_8}{8}\sin 8B$$

$$a_0 = m_0 + \frac{1}{2}m_2 + \frac{3}{8}m_4 + \frac{5}{16}m_6 + \frac{35}{128}m_8$$

$$a_2 = \frac{1}{2}m_2 + \frac{1}{2}m_4 + \frac{15}{32}m_6 + \frac{7}{16}m_8$$

$$a_4 = \frac{1}{8}m_4 + \frac{3}{16}m_6 + \frac{7}{32}m_8$$

$$a_6 = \frac{1}{32}m_6 + \frac{1}{16}m_8°$$

$$a_6 = \frac{1}{128}m_8$$

$$m_0 = a(1 - e^2), m_2 = \frac{3}{2}e^2 m_0, m_4 = \frac{5}{4}e^2 m_2, m_6 = \frac{7}{6}e^2 m_4, m_8 = \frac{9}{8}e^2 m_6$$

$$y = X - X_0$$

2. 曲面坐标法

本方法不需要进行坐标的转换，其原理是直接在地球旋转椭圆体上使用平面坐标法的方法，用椭球面上梯形的面积代替平面梯形的面积进行计算。椭球面上梯形的面积是指由两条纬线和两条经线所围成区域的面积，可用积分方法导出：

$$S_T = a^2(1-e^2)(L_2-L_1)\left[\frac{\sin B}{2(1-e^2\sin^2 B)} + \frac{1}{4e}\ln\frac{1+e\sin B}{1-e\sin B}\right]_{B_1}^{B_2}$$

使用曲面坐标法时，选取测得区域所有地理坐标中最小纬度作为基准纬度，即式中的 B_1，计算过程中用相邻两个地理坐标点的中分纬度与基准纬度以及两条经线构成的椭球面上梯形的面积代替曲面上相邻两地理坐标点与基准纬度构成的曲面梯形，中分纬度为 B_2。

3. 方格法

方格法需要将地理坐标转换为平面坐标，它往往作为海域面积的粗算方法使用。航海上一般采用墨卡托投影原理进行坐标转换。在测点附件任选一点 O，其坐标为（B_0，L_0）。

地理经度到横向坐标转换，即求取经差对应赤道弧长作为平面横坐标 x：

$$x = a \times (L - L_0)$$

地理纬度到纵向坐标转换，涉及墨卡托投影坐标下纬度线间距离的求取，使用纬距（纬度线到赤道的距离，单位取与赤道半径同单位）公式，纬距差为平面纵坐标 y：

$$MP = a\ln\left[\tan\frac{\pi}{4} + \frac{B}{2} - \left(\frac{1-e\sin B}{1+e\sin B}\right)^{e/2}\right]$$

$$y = MP - MP_0$$

4. 数点法

数点法的基本原理是利用扫描仪扫描图像，如果扫描仪的分辨率和缩放比不变且用位图格式保存图像时，单位面积像素个数是一定的。按照以上扫描图像的特性，可以统计所量面积的像素个数，然后找出像素个数与所量面积的关系，即可求出所量面积。显然可以把数点法看作是对方格法的改进，将方格细化到像素点的大小，一方面可以把精度提高到像素点程度，另一方面更大限度地避免了人为操作或估算导致的误差和方格大小引起的误差结果。除此之外，数点法也对坐标法部分功能进行了完善：坐标法计算需要不规则区域是单连通，因此区域若存在凹陷、重叠都会限制坐标法的使用；数点法可直观地绘制出不规则区域，不受任何形状约束。

二、林地面积计算

林地面积是不动产统一登记的基础性工作之一,其面积量测又是林地资源调查中的基础性工作,林地面积量测的手段、方法和功效直接影响森林资源调查、监测的手段、方法和功效。

（一）林地面积量测概述

当前国内外土地面积测量主要分为两大类:一类是野外直接测量法,如采用GPS、罗盘、全站仪、经纬仪等;另一类是从地图上量测,主要为面向规则图形的解析算法、图解算法和面向任意不规则图形的量算法。在实际工作中,由精度要求、设备仪器及图形形态决定所选取的方法。林地也属土地的范畴,其面积测量与土地测量方法相似。

（二）林地面积量测常见方法

1. 三角网

在地面上选定一系列点位1、2、3等,使相互的两点通视,把它们按照三角形的形式连接起来构成三角网,三角网根据观测量的不同可以分为三角测量、三边测量和边角测量。三角测量观测各三角形内角和少数边长,三边测量观测所有的三角形边长和少量用于确定方位角的角度,而边角测量是在三角测量中多测一些边或者在三边测量中多测一些角或观测三角网中的所有角度和边长。在三角网中没有观测的角度和边长可以通过三角形解算计算出来。实际观测过程中为了进行观测值的校核,提高图形强度,往往增加一些多余观测值。

2. 导线网

导线网是目前工程测量和地籍测量中较常用的一种布设形式,它包括单一导线和具有一个或多个节点的导线网。导线网的观测值是角度（方向）和边长独立导线网的起算数据,是一个起算点的坐标和一个方向的方位角。

3.GPS网

20世纪末以来,随着GPS技术在我国的应用,其技术以准确、便捷、时效的特点在面积量测、制图、资源勘探等领域飞速发展,GPS应用于控制测量也非常普遍。GPS控制测量又分为GPS静态控制测量和GPS控制测量。

GPS静态控制网测量具有定位精度高、控制范围大、平面和高程可同步推算、选点灵活、不需要通视及全天候作业等特点，在城镇地籍测量中常用于基本控制测量，是首级控制网。有时为了提高整网的可靠性及均匀性，城市一级（或二级）控制网也采用静态或快速静态相对定位测量方法。

（三）林地面积量测的步骤

1. 平面控制测量

在这一阶段需要根据林地区域面积的大小和面积中误差的要求来确定控制网的等级、导线的平均边长等，并选择合适的仪器和方案进行测量，可对控制点进行精度评定。

2. 界址点的测定，即碎部测量

得出所测区域的界址点坐标，并由控制点的误差和测量过程中由测角量距产生的误差得出界址点的中误差。

3. 面积的确定

按照任意多边形面积公式可以方便地求解出所测区域的面积大小，并由界址点的测量精度推算出面积的相对精度。

三、草原面积计算

草原面积测量是草地生产规划设计和草地开发利用及建设发展等重要工作的基础资料。草原面积测量必须要求计算数据精确无误，与实地面积相符，满足生产各项要求。当前，草原面积测量大多参考土地面积测量方法。

草原面积测量工作也是遵循"层层控制、分级量算、按比例平差"原则开展，在草原地图上量算控制面积和土地面积，最终通过多种方法综合得出草原面积大小，面积误差必须在允许范围之内。

（一）草原面积的计算方法

草原面积的计算方法有野外调查法和航片判读法。航片判读方法属于内业工作，从图上测量的方法主要有格网法、求积仪法、光电扫描仪法。

（二）草原面积航片判读法步骤

1. 建立草原判读的图例系统、确定图例结构与表示方法

图例系统是草原判读内容的科学系统化和归纳总结，应该与草地分类系统保持协调一致。草原分类系统与制图单位有关。草原分类系统是根据草地类型学的原则而拟定的分类，是对调查区的一个系统了解，但是由于受到比例尺或者分辨率的影响，制图单位可以表现为组合单元。

2.航片作业面的勾绘工作

以航片作为判读的信息源必须要对每一张航片勾绘出作业面积。作业面积绘制首先是根据地物影像特点,将相邻像片镶嵌排列;其次划出像片重叠部分等分线;最后在等分线处,选刺3个以上明显的地物点,将这些点转刺到划作业面积的像片上,并进行连线,所选定的面积即为作业面积。

3.判读及估算

根据影像解译标识、草原图例系统等相关的参考资料,应用草地类型学原理、生态自然地理原理等综合分析方法,采取对比外延,从宏观到细部判读。判读方法根据草原类型的分布规律、空间组合、复杂程度选择,包括逐块或逐片判读、分带判读、统计抽样判读。

第六节 不动产面积测算程序与整合

整合是指按不同的事物和性质,将分散的资源和服务按一定的知识管理规则和服务目的组织在一起,使其相互协调一致,实现资源共享与增值。而不动产登记数据整合就是通过将现有的分散存放,格式不一,介质不同的不动产登记信息进行规范整合,依据不动产登记相关数据标准将不动产登记面积等数据整合来建设不动产登记数据库,为不动产登记信息管理基础平台运行提供数据支撑。

一、不动产登记整合的任务与原则

(一)不动产登记整合任务

第一,对土地、房产、森林、林木、海域等已有的登记信息按现行的数据标准和技术规范进行梳理与规范,形成符合相关技术标准的数据集。

第二,依据《不动产登记数据库标准(试行)》通过抽取、转换、补录、整合等方法,建立不动产登记数据库。

农村土地承包经营权、草原所有权和使用权、取水权、探矿权、采矿权等数据整合按相关规定执行。

（二）基本原则

1. 完整

整合过程中要遵守土地、房屋等数据库标准和规范的要求，对相关数据项进行补充和完善，确保规定的必选项和条件必选项内容完整。

2. 一致

在数据整合的过程中不应对原始数据进行修改，确保整合前后的数据一致。

3. 规范

依据现行的土地，房屋等数据库标准，对已有的不动产登记信息进行梳理并规范化。

二、土地面积测算流程

土地面积测算的程序与统计过程和土地面积测算的层次与方法有关。土地面积测算的方法通常可以是解析法与图解法。前一种一般用于城镇地籍；后一种适用于农村地籍。在城镇地籍中，对宗地面积精度要求比较高。从土地面积测算的全过程来看，一般是三级测算两级控制：图幅土地面积测算为第一级测算，其理论面积作为首级控制；街坊（或村）面积测算为第二级测算，其平差后的面积和为第二级控制；宗地（或农村地类）面积测算为第三级测算。如果要弄清农村居民地每户宅基地面积，应测量大比例尺（不小于1∶2000）居民地地籍图（或称岛图）。

三、各类别不动产登记数据整理依据

（一）土地登记数据整理依据

第一，国土资源部《城镇地籍数据库标准》。

第二，国土资源部《地籍调查规程》。

第三，国土资源部、财政部、住房和城乡建设部、农业部、国家林业局《关于进一步加快推进宅基地和集体建设用地使用权确权登记发证工作的通知》。

（二）房产登记数据整理

第一，住房和城乡建设部《房地产市场基础信息数据标准》。

第二，住房和城乡建设部《房屋代码编码标准》。

第三，住房和城乡建设部《房地产市场信息系统技术规范》。

第四，住房和城乡建设部《房屋登记簿管理试行办法》。

四、不动产数据整合流程

不动产登记数据整合在土地、房屋等现行数据库标准规范和不动产登记数据库相关标准的指导下，按照先建标准化的原始库，再按要求整合成中间库，最终建成用于支撑不动产登记信息管理基础平台运行的成果数据库。整个过程的每一个环节都需要进行质量控制，具体如下：

第一，对于已建成的土地、房产等数据库，先依据土地、房产等现行的相关标准进行标准化、规范化后，再依据不动产登记数据库相关标准建立映射关系模型，对已有的登记信息补充完善后，转换形成符合要求的不动产登记数据库。

第二，对于已有不动产登记电子档案或部分电子数据的，首先对已有的登记信息通过提取、转换、补录等技术方法，建成符合土地、房产等现行标准的标准化、规范化的数据集，再依据不动产登记数据库相关标准，经整合后建成符合要求的不动产登记数据库。

第三，对于没有电子数据只有不动产登记纸质档案的，依据现行的土地、房产等登记数据库标准录入数据建成对应数据库，再依据不动产登记数据库相关标准，经整合后建成符合要求的不动产登记数据库。

第三章 不动产制度与政策

第一节 不动产管理法律的相关规定

一、国有土地使用制度

《中华人民共和国城市房地产管理法》(以下简称《城市房地产管理法》)规定，国家依法实行国有土地有偿、有限期使用制度，但是，国家在本法规定的范围内划拨国有土地使用权的除外。在计划经济时期，我国的城镇土地使用采用对土地实行行政划拨、无偿无限期使用、禁止土地使用者转让土地的制度。20世纪70年代末期，我国开始经济体制改革和对外开放，传统的城市土地使用制度已不能适应改革开放的需要，亟须进行改革。《城市房地产管理法》《中华人民共和国土地管理法》(以下简称《土地管理法》)均明确规定，国家实行国有土地有偿使用制度。国有土地有偿使用制度的实施，释放出土地作为生产要素的巨大活力，促进了国民经济的持续较快发展。

二、房地产成交价格申报制度

房地产成交价格不仅关系着当事人之间的财产权益，而且关系着国家的税费收益。因此，加强房地产交易价格管理，对于保护当事人合法权益和保障国家的税费收益，促进房地产市场健康有序发展，有着极其重要的作用。

《城市房地产管理法》规定："国家实行房地产成交价格申报制度。房地产权利人转让房地产，应当向县级以上地方人民政府规定的部门如实申报成交价，不得瞒报或者做不实的申报。"房地产管理部门核实申报的成交价格，并根据需要对转让的房地产进行现场查勘和评估。房地产转让应当以申报的房地产成交价格作为缴纳税费的依据。成交价格明显低于正常市场价格的，以评估价格作为缴纳税费的依据。这些规定为房地产成交价格申报制度提供了法律依据，如实申报房地产成交价格是交易当事人的法定义务，是房地产交易受法律保护的必要条件之一。

房地产权利人转让房地产、房地产抵押权人依法处分抵押房地产，应当向房屋所在地县级以上地方人民政府房地产管理部门如实申报成交价格。这一规定改变了原来计划经济体制下价格由国家确定或审批的管理模式，实行交易双方自愿成交定价，向房地产管理部门申报价格的制度。房地产管理部门在接到价格申报后，如发现成交价格明显低于市场正常价格，应当及时通知交易双方，并不要求交易双方当事人更改合同约定的成交价格，但交易双方应当按不低于房地产评估价格缴纳有关税费后，方为其办理房地产交易手续。如果交易双方对房地产评估价格有异议，可以要求重新评估。交易双方对重新评估的价格仍有异议，可以按照法律程序，向人民法院提起诉讼。房地产经纪人在代办有关交易手续时，应坚持如实申报，不可迁就当事人意愿瞒价申报，避免可能的房地产交易纠纷及由此引发的含税收征管在内的一系列法律责任，防范执业风险。对房地产成交价格进行申报管理，既可防止房地产交易价格失真，又能有效防止交易双方为偷逃税费对交易价格做不实的申报，保证国家的税费不流失。

三、房地产价格评估制度

《城市房地产管理法》规定："国家实行房地产价格评估制度。房地产价格评估，应当遵循公正、公平、公开的原则，按照国家规定的技术标准和评估程序，以基准地价、标定地价和各类房屋的重置价格为基础，参照当地的市场价格进行评估。""基准地价、标定地价和各类房屋重置价格应当定期确定并公布。具体办法由国务院规定。"

四、不动产登记发证制度

房屋与所占用的土地密不可分，房地产登记应当一并完成，但统一登记涉及行政管理体制改革，需要有一个过程。长期以来我国将房屋与土地实行分部门管理的体制，将登记机构与行政机关的设置与职能挂钩，导致我国房地产登记中，一般是土地使用权登记和房屋所有权登记在土地部门和房地产部门分别进行。

为整合不动产登记职责，规范登记行为，方便群众申请登记，保护权利人合法权益,根据《中华人民共和国物权法》等法律制定《不动产登记暂行条例》,由国务院于 2014 年 11 月 24 日发布,并于 2019 年进行修订。全国土地、房屋、草原、林地、海域等不动产统一登记,基本做到登记机构、登记簿册、登记依据和信息平台"四统一"。

五、房地产行政管理体制

《城市房地产管理法》规定,国务院建设行政主管部门、土地管理部门依照国务院规定的职权划分,各司其职,密切配合,管理全国房地产工作。县级以上地方人民政府房产管理、土地管理部门的机构设置及其职权由省、自治区、直辖市人民政府确定。

房地产经纪业务主要涉及房地产交易。

房地产交易管理是指政府及其房地产交易管理部门、其他相关部门以法律的、行政的、经济的手段,对房地产交易活动行使的指导、监督等管理活动,是房地产市场管理的重要内容。

房地产交易的管理机构是指履行房地产交易管理职能的政府部门或其授权的机构,包括国务院建设(房地产)行政主管部门,省、自治区、直辖市人民政府建设(房地产)行政主管部门,市、县人民政府建设(房地产)行政主管部门或其授权的机构,如房地产交易管理所、房地产市场管理处、房地产市场产权监理处、房地产交易中心等。

市、县房地产交易管理机构的主要工作任务如下:

第一,执行国家有关房地产交易管理的法律法规、部门规章,并制定具体实施办法;

第二,整顿和规范房地产交易秩序,对房地产交易、经营等活动进行指导和监督,查处违法行为,维护当事人的合法权益;

第三,办理房地产交易登记、鉴证及权属转移初审手续;

第四,协助财政、税务部门征收与房地产交易有关的税款;

第五,为房地产交易提供洽谈协议、交流信息、展示行情等各种服务;

第六,建立定期的市场交易信息发布制度,为政府宏观决策和正确引导市场发展服务。

第二节 不动产法律体系

一、不动产法律的调整对象

不动产法律有着特定的调整对象，既不是调整一般的民事关系，也不是调整普通的商品交易关系，它调整的是与不动产开发、交易和管理有关的各种社会关系，具体地说，不动产法律的调整对象包括不动产开发关系、不动产交易关系、不动产行政管理关系及物业管理关系等。

第一，不动产开发关系，是指不动产开发企业依法取得建设用地使用权并进行基础设施建设、房屋建造过程中产生的法律关系，包括两方面的内容：一方面，是获得建设用地使用权；另一方面，是在获得建设用地使用权的土地上建造房屋。

第二，不动产交易关系，是指参与不动产买卖、租赁、抵押等不动产交易行为的各方当事人在不动产交易过程中产生的法律关系，主要包括不动产开发企业对特定不动产拥有的所有权关系、开发企业或所有权人将不动产出售给他人时所形成的转让关系、不动产权利人将不动产出租或抵押给他人所形成的租赁关系或抵押关系。

第三，不动产行政管理关系，是指不动产行政主管部门依据法律规定对不动产市场实施管理、监督、检查时发生的法律关系。这种法律关系同前几种关系不同，典型特征是其主体法律地位的不平等，是管理与被管理关系。

第四，物业管理关系，是指物业所有者（业主）委托特定的物业服务企业对其所有的物业提供修缮、养护、保管、看管等活动时产生的法律关系。物业管理服务涉及面比较广泛，酒店、办公楼、住宅小区等都可以通过这种方式来进行管理。

二、不动产法律体系

不动产法律体系是指各种不同层次的调整不动产法律关系的法律法规，是由现行有效的不动产法律、行政法规、部门规章、地方性法规、地方性规章构成，按照一定的内在联系而组成的一整套有机、统一、完整的法律、法规体系。从立法层次上看，主要包括下列内容。

（一）宪法

《中华人民共和国宪法》（以下简称《宪法》）是国家的根本大法。对于不动产法，《宪法》也做出了原则性规定，如《宪法》第十条明确了土地的所有权权属关系："城市的土地属于国家所有。农村和城市郊区的土地，除由法律规定属于国家所有的以外，属于集体所有；宅基地和自留地、自留山，也属于集体所有。"该条同时规定了关于土地的转让问题："任何组织或者个人不得侵占、买卖或者以其他形式非法转让土地。土地的使用权可以依照法律的规定转让。一切使用土地的组织和个人必须合理地利用土地。"还对土地征收或征用和利用做了原则性规定："国家为了公共利益的需要，可以依照法律规定对土地实行征收或者征用并给予补偿。"《宪法》具有最高的法律效力，无论是不动产立法或执法都必须遵循《宪法》规定的原则。

（二）不动产法律

全国人民代表大会及其常务委员会颁布的法律，其效力仅次于宪法，是不动产法律体系中重要的法律规定，是制定有关不动产法规、规章的依据和基础。

1.《城市房地产管理法》

制定《城市房地产管理法》的目的是"加强对城市房地产的管理，维护房地产市场秩序，保障房地产权利人的合法权益，促进房地产业的健康发展"。《城市房地产管理法》以城市规划为依据，对如何取得国有土地使用权，如何进行房地产开发、房地产交易和房地产权属登记管理等做出具体规定。该法是我国第一部全面规范房地产开发用地、房地产开发建设、房地产交易、房地产登记管理的大法，是房地产业立法、执法和管理的主要依据。

2. 与不动产相关的法律

（1）《中华人民共和国民法典》（以下简称《民法典》）

该法由中华人民共和国第十三届全国人民代表大会第三次会议于2020年5月28日通过，自2021年1月1日起施行。其中第二编物权，对物的归属和利用产生的民事关系进行了明确规定，使房地产领域涉及的权属界定、物权保护有了明确的法律依据，是保障房地产市场健康运行的重要法律基础。

（2）《中华人民共和国土地管理法》

该法于1986年颁布，分别于1998年修订、2004年与2019年修正。颁布《土地管理法》的目的是"加强土地管理，维护土地的社会主义公有制，保护、开发土地资源，合理利用土地，切实保护耕地，促进社会经济的可持续发展"。《土地管理法》是解决土地资源的保护、利用和配置，规范城市建设用地的征收或征用，即征收或征用农村集体所有的土地以及使用国有土地等问题的主要依据。

2019年8月，修改后的《土地管理法》《城市房地产管理法》，依法保障农村土地征收、集体经营性建设用地入市、宅基地管理制度等改革在全国范围内实行，对促进乡村振兴和城乡融合发展具有重大意义。国务院及有关部门和各省、自治区、直辖市应当坚持土地公有制性质不改变、耕地红线不突破、农民利益不受损，加强组织领导，做好法律宣传，制定、完善配套法规、规章，确保法律制度正确、有效实施。

（3）《中华人民共和国城乡规划法》（以下简称《城乡规划法》）

该法于2007年10月28日颁布、2008年1月1日起施行，并分别于2015年与2019年修正。颁布《城乡规划法》的目的是"加强城乡规划管理，协调城乡空间布局，改善人居环境，促进城乡经济社会全面协调可持续发展"。《城乡规划法》重点规范了城市建设用地布局、功能分区和各项建设的具体部署，控制和确定不同地段的土地用途、范围和容量，协调各项基础设施和公共设施建设。

（三）不动产行政法规

不动产行政法规是以国务院令形式颁布的，主要有《不动产登记暂行条例》《城市房地产开发经营管理条例》《国有土地上房屋征收与补偿条例》《物业管理条例》《中华人民共和国土地管理法实施条例》《中华人民共和国城镇国有土地使用权出让和转让暂行条例》《住房公积金管理条例》等。

（四）地方性法规

地方性法规是指有立法权的地方人民代表大会及其常务委员会依据宪法、法律和行政法规的规定，制定的调整本行政区域内房地产法律关系的规范性文件，在本行政区域内有效。

地方性法规是由省、自治区、直辖市的人民代表大会及其常务委员会根据本行政区域的具体情况和实际需要，在不同法律、行政法规相抵触的前提下，效力不超出本行政区域范围，作为地方司法依据之一的规范性文件的总称。

省、自治区的人民政府所在地的市，经济特区所在地的市和国务院批准的较大市的人民代表大会及其常务委员会根据本市的具体情况和实际需要，在不与法律、行政法规和本省、自治区的地方性法规相抵触的前提下，可以制定地方性法规，报省、自治区的人民代表大会常务委员会批准后施行。

（五）行政规章和规范性文件

行政规章包括国务院部委制定的部门规章和有立法权的地方政府制定的政府规章，主要有《房地产开发企业资质管理规定》《商品房销售管理办法》《城市商品房预售管理办法》《城市房地产转让管理规定》《房地产经纪管理办法》《商品房屋租赁管理办法》《房地产估价机构管理办法》《城市房地产权属档案管理办法》《已购公有住房和经济适用住房上市出售管理暂行办法》《城市房地产抵押管理办法》《注册房地产估价师管理办法》《房产测绘管理办法》《城市危险房屋管理规定》《住宅室内装饰装修管理办法》《城市房屋白蚁防治管理规定》《住宅专项维修资金管理办法》《国有土地上房屋征收评估办法》等。

第三节 不动产所有权制度

一、我国现行土地所有权制度

（一）土地实行社会主义公有制

1. 国有土地

全民所有制的土地被称为国家所有土地，简称国有土地，其所有权由国务院代表国家行使。《土地管理法》规定："全民所有，即国家所有土地的所有权由国务院代表国家行使。"

关于国有土地的法律、法规规定如下：

（1）《宪法》规定

《宪法》明确规定，城市的土地属于国家所有。任何组织或者个人不得侵占、买卖或者以其他形式非法转让土地。土地的使用权可以依照法律的规定转让。在现阶段，按照国家有关规定，取得国有建设用地使用权的途径主要有下列四种：通过行政划拨方式取得；通过国家出让方式取得；通过房地产转让方式取得（如买卖、赠与或者其他合法方式）；通过土地或房地产租赁方式取得。

（2）《土地管理法》规定

《土地管理法》规定城市市区的土地属于国家所有。这里所说的城市是指国家设立市建制的城市，不同于某些法律、法规中的城市含义。《中国城市统计年鉴》等使用的"市区"一词，指的是城市行政区划内除市辖县以外的区域，包括城区和郊区。

（3）《中华人民共和国土地管理法实施条例》规定

《中华人民共和国土地管理法实施条例》其规定如下：城市市区的土地；农村和城市郊区中已经依法没收、征收、征购为国有的土地；国家依法征收的土地；依法不属于集体所有的林地、草地、荒地、滩涂及其他土地；农村集体经济组织全部成员转为城镇居民的，原属于其成员集体所有的土地；因国家组织移民、自然灾害等原因，农民成建制地集体迁移后不再使用的原属于迁移农民集体所有的土地。

（4）《民法典》规定

依法取得建设用地使用权后，建设用地使用权人享有土地占有、使用和收益的权利，有权利在该土地上建造建筑物、构筑物及其附属设施。但不得改变土地用途，如需要改变的，应当依法经有关行政主管部门批准。建设用地使用权可以在土地的地表、地上或者地下分别设立。设立建设用地使用权，不得损害已设立的用益物权。建设用地使用权转让、互换、出资、赠与或者抵押的，当事人应当采取书面形式订立相应的合同。使用期限由当事人约定，但不得超过建设用地使用权的剩余期限。建设用地使用权转让、互换、出资或者赠与的，附着于该土地上的建筑物、构筑物及其附属设施一并处分。同样，建设物、构筑物及其附属设施转让、互换、出资或者赠与的，该建筑物、构筑物及其附属设施占用范围内的建设用地使用权一并处分。

2. 集体土地

劳动群众集体所有制的土地采取的是农民集体所有制的形式，该种所有制的土地被称为农民集体所有土地，简称集体土地。

农民集体的范围有下列三种：村农民集体；村内两个以上农村集体经济组织的农民集体；乡（镇）农民集体。农民集体所有的土地依法属于村农民集体所有的，由村集体经济组织或者村民委员会经营、管理；已经分别属于村内两个以上农村集体经济组织的农民集体所有的，由村内各该农村集体经济组织或者村民小组经营、管理；已经属于乡（镇）农民集体所有的，由乡（镇）农村集体组织经营、管理。

农村和城市郊区的土地一般属于农民集体所有，即除法律规定属于国家所有的以外，属于农民集体所有。农村和城市郊区的土地，除由法律规定属于国家所有的以外，属于集体所有；宅基地和自留地、自留山，也属于集体所有。矿藏、水流、森林、山岭、草原、荒地、滩涂等自然资源，都属于国家所有，即全民所有；由法律规定属于集体所有的森林和山岭、草原、荒地、滩涂除外。

在实际生活中，由于历史原因，譬如城中村的存在等原因，国有土地与集体土地的区分比较复杂，房地产经纪人通过查阅不动产登记簿来鉴别是最可靠的方式。

二、我国现行房屋所有权制度

（一）房屋所有权的概念

房屋所有权，是房屋所有人独占性地支配其所有的房屋的权利。房屋所有人在法律规定的范围内，可以排除他人的干涉，对其所有的房屋进行占有、使用、收益、处分。

1. 占有

占有是产权人对其房屋事实上的控制权；占有权是房屋所有权的基本内容，没有占有，就谈不上所有权。然而占有并非就是所有，因为占有分所有人占有和非所有人占有、合法占有和非法占有、善意占有与非善意占有。

第一，所有人占有和非所有人占有。所有人占有即所有人在行使所有权过程中亲自控制自己的财产。非所有人占有则指所有人以外的其他人实际控制和管理所有物。

第二，有权占有和无权占有。有权占有，是指根据法律规定或合同约定而占有某标的物的权利。在此情况下对标的物进行占有的权利，称为本权，如所有权和用益物权。在有本权情况下的占有，即为有权占有。无权占有，是指无本权的占有。

第三，善意占有和恶意占有。这是对无权占有的再分类。善意占有是指非法占有人在占有时不知道或不应当知道其占有为非法。恶意占有则指非法占有人在占有时已经知道或应当知道其占有为非法。

2. 使用

使用是产权人按照房产的性能、作用对房屋加以利用的权利，使用权的行使必须符合下列条件：①无损于房屋的本质；②按照房屋的自然性能、经济性能和规定的土地用途使用；③遵守法律和公共道德，不损害公共利益和他人的合法利益。

3. 收益

收益是产权人收取房产所产生的利益的权利，如将房屋出租收取的租金、用房屋作为合伙入股取得红利等。

4. 处分

处分是产权人在事实上或法律上对房产进行处置的权利，如依法对自己所有的房地产出售、出租、抵押、赠与、拆除等。处分权是房屋产权的核心，是房屋产权最根本的权利。处分权一般只能由房屋产权人行使（法律上有特别规定的除外）。

房屋所有权是一种绝对权，即权利人不需要他人积极行为的协助就可以直接实现自己的权力。

房屋租赁，可以理解为房屋所有权人将房屋一定期限内的占有权、使用权有偿让渡给承租人从而使自己获得收益的行为。

（二）我国房屋所有权的特点

我国房屋所有权的特点：一方面由房屋本身的性质所决定；另一方面也由各国的房屋所有权法律制度所决定。我国房屋所有权具有以下特点：

第一，房屋的国家所有权、集体所有权和个人所有权同时并存，同等地受到宪法和法律的保护。

第二，房屋所有权的客体是具有一定结构、可供利用的房屋，而不是单指组成房屋的材料。未形成房屋或已拆毁的房屋的材料，不能称其为房屋所有权的客体。

第三，房屋所有权与其所依附的土地的使用权不可分离。房屋的所有权发生变更，土地的使用权也随之发生变更，反之亦然。

第四，国家所有的房屋广泛实行所有权与使用权的分离。国家享有所有权，国有企、事业单位和其他组织享有使用权。

第五，房屋所有权可以转让，但受到土地使用权转让的制约。由于房屋所有权与其所依附的土地使用权不可分离，因而，凡不可转让使用权的土地上的房屋，其所有权不能转让，非法转让土地使用权，会导致土地上房屋的转让无效。

第六，房屋所有权的设立与移转，需办理房屋所有权登记和转移登记手续。不办理房屋所有权登记或转移登记手续，不发生确定房屋所有权或移转房屋所有权的效力。

（三）房屋所有权的取得

房屋所有权的取得，分为原始取得和继受取得两种。

1. 原始取得

原始取得是指由于一定的法律事实，根据法律的规定，取得新建房屋、无主房屋的所有权，或者不以原房屋所有人的权利和意志为根据而取得房屋的所有权。

原始取得主要包括以下情形：依法建造房屋；依法没收房屋；收归国有的无主房屋；合法添附的房屋（如翻建、加层）。

2. 继受取得

继受取得又称传来取得，是指根据原房屋所有人的意思接受原房屋所有人转移的房屋所有权，是以原房屋所有人的所有权和其转让所有权的意志为根据的。

继受取得分为因法律行为继受取得和因法律事件继受取得两类。

第一，因法律行为继受取得房屋所有权是取得房屋所有权最普遍的方法，通常有以下几种形式：房屋买卖（包括拍卖）、房屋赠与、房屋相互交换。房屋所有权自所有权转移手续办理完毕后产生效力，即进行所有权登记后便取得房屋所有权。

第二，因法律事件继受取得房屋所有权，指因被继承人死亡（包括宣告死亡）的法律事件，继承人或受遗赠人依法取得房屋所有权。根据《民法典》的有关规定在有数个继承人的情况下，只要继承人未做放弃继承的意思表示，继承房产如果未做分割，则应认为数个继承人对房产享有共同所有权。

（四）房屋所有权的消灭

房屋所有权的消灭，是指因某种法律事实的出现，原房产权利人失去对该房产占有、使用、收益和处分的权利。

引起房屋所有权消灭的法律事实有如下几种：

第一，房屋产权主体的消灭。如房屋所有权人（自然人）死亡或宣告死亡以及法人被终止而导致房产成为无主财产。

第二，房屋产权客体的消灭。包括自然灾害、爆炸、战争等引起房屋的毁灭以及自然损毁等。

第三，房产转让、受赠等引起原房产权利人对该房产权利的消灭。

第四，因国家行政命令或法院判决而丧失。如国家行政机关对房产所有权人的房产征用、征购、拆迁等，除依法给予相应的补偿外，原房产权利人的权利因征用、征购、拆迁而丧失。又如人民法院依照法律程序将一方当事人的房产判给另一方当事人所有，原房产权利人因判决发生法律效力而丧失该房屋的所有权。

第五，房产所有权人放弃所有权。

（五）建筑物区分所有权

自18世纪上半叶开始，英、法、德、意、瑞（士）等国先后进行了工业革命，城市和工业中心急剧发展。随着建筑材料和建筑技术的发展，高层建筑拔地而起，多个业主或承租人共同使用同一楼宇的现象出现，但与此相关楼宇管理问题日益突出，要求建立建筑物区分所有权法律制度呼声高涨。

我国改革开放以来，随着住房制度的改革，大量商品房出现，在城市已形成了很多的住宅小区，业主的建筑物区分所有权已经成为私人不动产物权中的重要内容。

根据《民法典》规定，业主的建筑物区分所有权，包括三个方面的基本内容：

第一，对专有部分的所有权。即业主对建筑物内属于自己所有的住宅、经营性用房等专有部分可以直接占有、使用，实现居住或者经营的目的；也可以依法出租、出借，获取收益和增进与他人感情；还可以用来抵押贷款或出售给他人。

第二，对建筑区划内的共有部分享有共有权。即每个业主在法律对所有权未做特殊规定的情形下，对专有部分以外的走廊、楼梯、过道、电梯，外墙面、水箱、水电气管线等共有部分，对小区内道路、绿地、公用设施、物业管理用房以及其他公共场所等共有部分享有占有、使用、收益、处分的权利；对建筑区划内，规划用于停放汽车的车位、车库有优先购买的权利。

第三，对共有部分享有共同管理的权利，即有权对共用部位与公共设备设施的使用、收益、维护等事项通过参加和组织业主大会进行管理。业主的建筑物区分所有权三个方面的内容是一个不可分离的整体。

第四节 建设用地使用权制度

一、国有建设用地使用权范围

国有建设用地使用权包括范围如下：

第一，现有的属于国家所有的建设用地使用权，包括城市市区内土地、城市规划区外现有铁路、公路、机场、水利设施、军事设施、工矿企业使用的国有土地；国有农场内的建设用地等。

第二，依法征收的原属于农民集体所有的建设用地和办理了农用地转用和征收的农民集体所有的农用地。

第三，依法办理农用地转用的国有农用地。

二、国有建设用地使用权出让

（一）国有建设用地使用权出让的概念及特征

国有建设用地使用权出让（以前称"国有土地使用权出让或国有土地出让"），是指国家将国有土地使用权在一定年限内出让给土地使用者，由土地使用者向国家支付土地使用权出让金的行为。

国有建设用地使用权出让金是指通过有偿有限期出让方式取得土地使用权的受让者，按照合同规定的期限，一次或分次提前支付的整个使用期间的地租。

国有建设用地使用权出让的特征一般包括以下内容：

第一，归属于土地一级市场。国有建设用地使用权出让，也称批租或土地一级市场，由国家垄断，任何单位和个人不得出让土地使用权。

第二，经出让取得土地使用权的单位和个人，在土地使用期内没有所有权，只有使用权，在使用土地期限内对土地拥有使用、占有、收益、处分权；土地使用权可以进入市场，可以进行转让、出租、抵押等经营活动，但地下埋藏物归国家所有。

第三，国有建设用地使用者只有向国家支付了全部土地使用权出让金后才能领取土地使用权证书。

第四，集体土地不经征收（成为国有土地）不得出让。

第五，国有建设用地使用权出让是国家以土地所有者的身份与土地使用者之间关于权利义务的经济关系，具有平等、自愿、有偿、有限期的特点。

（二）国有建设用地使用权出让政策

1. 国有土地使用权出让方式

国有建设用地使用权出让必须符合土地利用整体规划、城市规划和年度建设用地计划，根据省、市人民政府下达的控制指标，拟订年度出让国有土地总面积方案，并且有计划、有步骤地进行。出让每幅地块、面积、年限和其他条件，由市、县人民政府土地管理部门会同城市规划、建设、房地产管理部门共同拟订，按照国务院的规定，报有批准权的人民政府批准后，由市、县人民政府土地管理部门实施。

2. 国有建设用地使用权出让年限

《中华人民共和国城镇国有土地使用权出让和转让暂行条例》规定的各类用途的国有土地使用权出让最高年限如下：

第一，居住用地 70 年；

第二，工业用地 50 年；

第三，教育、科技、文化、卫生、体育用地 50 年；

第四，商业、旅游、娱乐用地 40 年；

第五，综合或其他用地 50 年。

3. 土地使用权收回

国家收回土地使用权有多种原因，如使用权期间届满、提前收回等。

（1）土地使用权期间届满收回

《城市房地产管理法》规定，土地使用权出让合同约定的使用年限届满，土地使用者未申请续期或者虽申请续期但依照前款规定未获批准的，土地使用权由国家无偿收回。该土地上的房屋及其他不动产的归属，有约定的，按照约定；没有约定或者约定不明确的，依照法律、行政法规的规定办理。

依据《民法典》规定，住宅建设用地使用权期间届满的，自动续期。非住宅建设用地使用权期间届满后的续期，依照法律规定办理。经批准准予续期的，应重新签订土地使用权出让合同，依照规定支付土地使用权出让金。

（2）提前收回国有土地使用权

国有土地使用权期间届满前，因公共利益需要提前收回该土地的，应当依法对该土地上的房屋及其他不动产给予补偿，并退还相应的出让金。

（3）因土地使用者不履行土地使用权出让合同收回

土地使用者不履行土地使用权出让合同而收回土地使用权有两种情况：一是土地使用者未如期支付地价款。土地使用者在签约时应缴地价款的一定比例作为定金，60日内应支付全部地价款，逾期未全部支付地价款的，出让方依照法律和合同约定，收回土地使用权。二是土地使用者未按合同约定的期限和条件开发和利用土地，由县以上人民政府土地管理部门予以纠正，并根据情节可以给予警告、罚款，甚至无偿收回土地使用权，这是对不履行合同的义务人采取的无条件取消其土地使用权的处罚形式。

（4）司法机关决定收回土地使用权

因土地使用者触犯国家法律，不能继续履行合同或司法机关决定没收其全部财产，收回土地使用权。

4.国有建设用地使用权终止

（1）建设用地使用权因土地灭失而终止

土地使用权要以土地的存在或土地能满足某种需要为前提，因土地使用权灭失而导致使用人实际上不能继续使用土地，使用权自然终止。土地灭失是指由于自然原因造成原土地性质的彻底改变或原土地面貌的彻底改变，诸如地震、水患、塌陷等自然灾害引起的不能使用土地而终止。

（2）国有建设用地使用权因土地使用者的抛弃而终止

由于政治、经济、行政等原因，土地使用者抛弃使用的土地，致使土地使用合同失去意义或无法履行而终止土地使用权。

单纯从"《中华人民共和国城镇国有土地使用权出让和转让暂行条例》

规定"角度，不能选择"土地使用权转让"。

（三）国有建设用地使用权出让合同

国有建设用地使用权出让，应当签订书面出让合同。出让合同由市、县人民政府土地管理部门与土地使用者签订。出让合同有成片土地使用权出让合同，项目用地（宗地）土地使用权出让合同，划拨土地使用权和地上建筑物、其他附着物所有权因转让、出租、抵押而补办的土地使用权出让合同三类。

建设用地使用权出让合同主要包括下列三个内容：

第一，合同的正本、副本。主要内容有签约双方当事人；出让地块的位置、面积、界线等自然情况；地价款数额、定金、支付方式和期限；土地使用期限；动工及开发期限；取得土地使用权的方式及违约责任等。

第二，出让合同附件。主要内容有地块四至平面、界桩定点、土地利用要求、城市建设管理要求、建设要求、建筑面积、限高、绿化率、建筑比例等。

第三，补充合同。主要内容有双方在土地使用权出让格式合同中尚未包括的未尽事宜，合同文本需要变换的事项等。

1. 合同的主要内容

合同主要内容包括当事人的名称和住所；土地界址、面积等；建筑物、构筑物及其附属设施占用的空间；土地用途；土地条件；土地使用期限；出让金等费用及其支付方式；开发投资强度；规划条件；配套；转让、出租、抵押条件；期限届满的处理；不可抗力的处理；违约责任；解决争议的方法。

2. 合同附件

合同附件主要内容有宗地平面界址图；出让宗地竖向界线；市、县政府规划管理部门确定的宗地规划条件等。

（四）国有建设用地使用权出让管理

1. 管理权限

国有建设用地使用权的出让，由市、县人民政府负责，有计划、有步骤地进行。

国有建设用地使用权出让的地块、用途、年限和其他条件，由市、县人民政府土地管理部门会同城市规划和建设管理部门、房产管理部门共同拟订方案，按照国务院规定的批准权限批准后，由土地管理部门实施。

2. 出让金缴纳

土地使用者应当在签订国有建设用地使用权出让合同后60日内，支付全部出让金。逾期未全部支付的，出让方有权解除合同，并可请求违约赔偿。出让方应当按照合同规定，提供出让的土地使用权。未按合同规定提供土地使用权的，土地使用者有权解除合同，并可请求违约赔偿。土地使用者在支付全部土地使用权出让金后，应当依照规定办理登记，领取土地使用证，取得土地使用权。

3. 出让后土地使用管理

土地使用者应当按照土地使用权出让合同的规定和城市规划的要求，开发、利用、经营土地。未按合同规定的期限和条件开发、利用土地的，市、县人民政府土地管理部门应当予以纠正，并根据情节可以给予警告、罚款直至无偿收回土地使用权的处罚。

土地使用者需要改变土地使用权出让合同规定的土地用途的，应当征得出让方同意并经土地管理部门和城市规划部门批准，依照土地出让管理有关规定重新签订出让合同，调整国有建设用地使用权出让金，并办理登记。

（五）国有闲置土地的处理

1. 闲置土地的认定

闲置土地，是指国有建设用地使用权人超过国有建设用地使用权有偿使用合同或者划拨决定书约定、规定的动工开发日期满一年未动工开发的国有建设用地。

已动工开发但开发建设用地面积占应动工开发建设用地总面积不足1/3或者已投资额占总投资额不足25%，中止开发建设满一年的国有建设用地，也可以认定为闲置土地。

2. 闲置土地的调查

市、县国土资源主管部门发现有涉嫌闲置土地的，应当在30日内开展调查核实，向国有建设用地使用权人发出《闲置土地调查通知书》。国有建设用地使用权人应当在接到《闲置土地调查通知书》之日起30日内，按照要求提供土地开发利用情况、闲置原因以及相关说明等材料。

《闲置土地调查通知书》应当包括下列内容：国有建设用地使用权人

的姓名或者名称、地址；涉嫌闲置土地的基本情况；涉嫌闲置土地的事实和依据；调查的主要内容及提交材料的期限；国有建设用地使用权人的权利和义务；其他需要调查的事项。

有下列情形之一，属于政府、政府有关部门的行为造成动工开发延迟的，国有建设用地使用权人应当向市、县国土资源主管部门提供土地闲置原因说明材料，经审核属实的，市、县国土资源主管部门应当与国有建设用地使用权人协商，选择处置方式；同时，市、县国土资源主管部门与国有建设用地使用权人协商一致后，应当拟订闲置土地处置方案，报本级人民政府批准后实施。

第一，因未按照国有建设用地使用权有偿使用合同或者划拨决定书约定、规定的期限、条件将土地交付给国有建设用地使用权人，致使项目不具备动工开发条件的；

第二，因土地利用总体规划、城乡规划依法修改，造成国有建设用地使用权人不能按照国有建设用地使用权有偿使用合同或者划拨决定书约定、规定的用途、规划和建设条件开发的；

第三，因国家出台相关政策，需要对约定、规定的规划和建设条件进行修改的；

第四，因处置土地上相关群众信访事项等无法动工开发的；

第五，因军事管制、文物保护等无法动工开发的；

第六，政府、政府有关部门的其他行为。

经调查核实，符合规定条件，构成闲置土地的，市、县国土资源主管部门应当向国有建设用地使用权人下达《闲置土地认定书》。《闲置土地认定书》下达后，市、县国土资源主管部门应当通过门户网站等形式向社会公开闲置土地的位置、国有建设用地使用权人名称、闲置时间等信息；属于政府或者政府有关部门的行为导致土地闲置的，应当同时公开闲置原因，并书面告知有关政府或者政府部门。

3.闲置土地的处置方式

（1）政府行为原因

对因属于政府、政府有关部门的行为造成动工开发延迟的情形造成土地闲置的，市、县国土资源主管部门应当与国有建设用地使用权人协商，选择下列方式处置：

第一，延长动工开发期限。从补充协议约定的动工开发日期起，延长动工开发期限最长不得超过一年。

第二，调整土地用途、规划条件。

第三，由政府安排临时使用。临时使用期限最长不得超过两年。

第四，协议有偿收回国有建设用地使用权。

第五，置换土地。

（2）非政府行为原因

对非属于政府、政府有关部门的行为造成动工开发延迟的情形造成土地闲置，按照下列方式处理闲置土地：

第一，未动工开发满一年的，由市、县国土资源主管部门报经本级人民政府批准后，向国有建设用地使用权人下达《征缴土地闲置费决定书》，按照土地出让或者划拨价款的百分之二十征缴土地闲置费。土地闲置费不得列入生产成本。

第二，未动工开发满两年的，由市、县国土资源主管部门按照《土地管理法》和《城市房地产管理法》规定，报经有批准权的人民政府批准后，向国有建设用地使用权人下达《收回国有建设用地使用权决定书》，无偿收回国有建设用地使用权。

国有建设用地使用权人对《征缴土地闲置费决定书》和《收回国有建设用地使用权决定书》不服的，可以依法申请行政复议或者提起行政诉讼。

三、国有建设用地使用权划拨

（一）国有建设用地使用权划拨的概念

土地使用权划拨是指县级以上人民政府依法批准，在用地者缴纳补偿、安置等费用后将该幅土地交其使用，或者将土地使用权无偿交给土地使用者使用的行为。

划拨土地使用权有以下含义：

1. 划拨形式

划拨土地使用权包括土地使用者缴纳拆迁安置、补偿费用（如城市的存量土地或集体土地）和无偿取得（如国有的荒山、沙漠、滩涂等）两种形式。

2. 无期限限制

除法律、法规另有规定外，划拨土地没有使用期限的限制，但未经许可不得进行转让、出租、抵押等经营活动。

3. 必须报批

取得划拨土地使用权，必须经有批准权的人民政府核准并按法定的程序办理手续。

4. 按划拨土地进行管理范围

在国家没有法律规定之前，在城市范围内的土地和城市范围以外的国有土地，除出让土地以外的土地，均按划拨土地进行管理。

（二）划拨国有建设用地使用权的范围

下列建设用地可由有批准权的人民政府依法批准，划拨土地使用权：

第一，国家机关用地和军事用地；

第二，城市基础设施和公益事业用地；

第三，国家重点扶持的能源、交通、水利等项目用地；

第四，法律、行政法规规定的其他用地。

依据《划拨用地目录》，下列建设用地可由县级以上人民政府依法批准，划拨土地使用权：

一是国家机关用地。国家机关指国家权力机关，即全国人大及其常委会，地方人大及其常委会；国家行政机关，即各级人民政府及其所属工作或者职能部门；国家审判机关，即各级人民法院；国家检察机关，即各级人民检察院；国家军事机关，即国家军队的机关。以上机关用地属于国家机关用地。

二是军事用地。指军事设施用地，包括军事指挥机关、地面和地下的指挥工程，作战工程；军用机场、港口、码头、营区、训练场、试验场；军用洞库、仓库；军用通信、侦察、导航观测台站和测量、导航标志；军用公路、铁路专用线、军用通信线路等输电、输油、输气管线；其他军事设施用地。

三是城市基础设施用地。指城市给水、排水、污水处理、供电、通信、煤气、热力、道路、桥涵、市内公共交通、园林绿化、环境卫生、消防、路标、路灯等设施用地。

四是公益事业用地。指各类学院、医院、体育场馆、图书馆、文化馆、幼儿园、托儿所、敬老院、防疫站等文体、卫生、教育、福利事业用地。

五是国家重点扶持的能源、交通、水利等基础设施用地。指中央投资、中央和地方共同投资，以及国家采取各种优惠政策重点扶持的煤炭、石油、天然气、电力等能源项目；铁路、公路、港口、机场等交通项目；水库水电、防洪、江河治理等水利项目用地。

六是法律、行政法规规定的其他用地。法律和法规明确规定可以采用划拨方式供地的其他项目用地。

（三）划拨国有建设用地使用权的管理

1.划拨国有建设用地使用权可以转让

划拨土地的转让有两种规定：一是报有批准权的人民政府审批准予转让的，应当由受让方办理土地使用权出让手续，并依照国家有关规定缴纳土地使用权出让金；二是可不办理出让手续，但转让方应将所获得的收益中的土地收益上缴国家。

以划拨方式取得的建设用地使用权转让应符合以下条件：

第一，具有土地及地上建筑物、其他附着物的合法产权证明；

第二，涉及改变土地用途的，改变后的土地用途应当符合国土空间规划；

第三，法律法规规定的其他条件。

法律、法规、政策等明确应当收回划拨土地使用权重新公开出让的除外。

以划拨方式取得的建设用地使用权转让，需报经有批准权限的人民政府同意。划拨建设用地使用权经批准同意转让的，应当将拟转让的土地使用权在土地有形市场等场所公开交易，确定受让人和成交价款。

以划拨方式取得的建设用地使用权转让，经审核土地用途符合《划拨用地目录》的，可不补缴土地出让价款，按转移登记办理；不符合《划拨用地目录》的，在符合规划的前提下，由受让方依法依规补缴土地出让价款，重新签订国有建设用地使用权出让合同，依法办理不动产登记手续。

对不改变土地用途等土地使用条件的，补缴土地出让价款按照评估现状使用条件下的出让土地使用权正常市场价格，减去划拨土地使用权价格合理确定；依法变更规划条件的，补缴土地出让价款应按照评估变更后规划条件下的出让土地使用权正常市场价格，减去现状使用条件下的划拨土地使用权价格合理确定。

2.划拨国有建设用地使用权可以出租

第一，房产所有权人以盈利为目的，将划拨土地使用权的地上建筑物出租的，应当将租金中所含土地收益上缴国家。

第二，用地单位因发生转让、出租、企业改制和改变土地用途等不宜办理土地出让的，可实行租赁。

第三，以划拨方式取得的建设用地使用权出租的，应按照有关规定上缴租金中所含土地收益，纳入土地出让收入管理，由土地出让收入征管部门负责征收。土地收益具体标准由各地根据土地等级、用途等因素确定。建立划拨建设用地使用权出租收益年度申报制度，出租人依法申报并及时缴纳相关收益的，可不再另行单独办理划拨建设用地使用权出租的批准手续。

以划拨方式取得的建设用地使用权长期出租，或部分用于出租且可分割的，出租时间超过5年的，应依法补办出让、租赁等有偿使用手续。

3. 划拨国有建设用地使用权可以抵押

划拨土地使用权抵押时，其抵押的金额不应包括土地价格，因抵押划拨土地使用权造成土地使用权转移的，应办理土地出让手续并向国家缴纳地价款才能变更土地权属。以划拨方式取得的建设用地使用权可以依法依规设定抵押权。以划拨建设用地使用权为标的物设定抵押，并依法办理抵押登记手续的，无须另行办理建设用地使用权抵押的审批手续。但是划拨建设用地使用权抵押权实现时，在依法缴纳相当于应缴纳的建设用地使用权出让价款后，抵押权人方可优先受偿。

四、国有建设用地使用权租赁或入股

国有建设用地有偿使用的方式，除国有建设用地使用权出让外，还有国有建设用地使用权租赁和国有建设用地使用权作价出资或入股两种方式。

（一）国有土地使用权租赁的概念

国有土地租赁是指国家将国有土地租给使用者使用，由使用者与县级以上人民政府土地行政管理部门签订一定年期的土地租赁合同，并支付租金的行为。

国有土地租赁是国有土地有偿使用的一种形式，是出让方式的补充。

对于目前大量存在的行政划拨土地而言，实行国有土地租赁是解决划拨土地从无偿使用过渡到有偿使用的一种有效方式。对因发生土地转让、场地出租、企业改制和改变土地用途后依法应当有偿使用的，可以实行国有土地租赁。

（二）国有土地租赁的方式

国有土地租赁，可以采用招标、拍卖或者双方协议的方式，有条件的，必须采取招标、拍卖方式。

（三）国有土地租赁的期限

国有土地租赁可以根据具体情况实行短期租赁和长期租赁。对短期使用或用于修建临时建筑物的土地，应实行短期租赁，短期租赁年限一般不超过五年；对需要进行地上建筑物、构筑物建设后长期使用的土地，应实行长期租赁，具体租赁期限由租赁合同约定，但最长租赁期限不得超过法律规定的同类用途土地出让最高年期。

（四）国有土地租赁合同

租赁期限六个月以上的国有土地租赁，应当由市、县土地行政主管部门与土地使用者签订租赁合同。土地租赁合同可以转让。

国有土地租赁合同的内容应当包括出租方、承租方、出租宗地的位置、范围、面积、用途、租赁期限、土地使用条件、土地租金标准、支付时间和支付方式、土地租金标准调整的时间和调整幅度、出租方和承租方的权利义务等。

（五）承租土地使用权的转租、转让或抵押

国有土地租赁，承租人取得承租土地使用权。承租人在按规定支付土地租金并完成开发建设后，经土地行政主管部门同意或根据租赁合同约定，可将承租土地使用权转租、转让或抵押。承租土地使用权转租、转让或抵押，必须依法登记。

第一，承租土地使用权转租：承租人将承租土地转租或分租给第三人的，承租土地使用权仍由原承租人持有，承租人与第三人建立了附加租赁关系，第三人取得土地的他项权利。

第二，承租土地使用权转让：承租人转让土地租赁合同的，租赁合同约定的权利义务随之转给第三人，承租土地使用权由第三人取得，租赁合同经更名后继续有效。

第三，承租土地使用权抵押：地上房屋等建筑物、构筑物依法抵押的，承租土地使用权可随之抵押，但承租土地使用权只能按合同租金与市场租金

的差值及租期估价，抵押权实现时土地租赁合同同时转让。

（六）承租土地使用权的收回

第一，国家因社会公共利益的需要，依照法律程序可以提前收回，但应对承租人给予合理补偿。

第二，承租人未按合同约定开发建设，未经土地行政主管部门同意转让、转租或不按合同约定缴纳土地租金的，土地行政主管部门可以解除合同，依法收回承租土地使用权。

第三，承租土地使用权期满，承租人可申请续期。未申请续期或者虽申请续期但未获批准的，承租土地使用权由国家依法无偿收回。

（七）国有土地使用权作价出资或入股

国有土地使用权作价出资或入股，是指国家以一定年期的国有土地使用权作价，作为出资投入改组后的新设企业，该土地使用权由新设企业持有，可以依照土地管理法律、法规关于出让土地使用权的规定转让、出租、抵押。

这种方式在目前的国有企业改制改组中采用较多，既解决了国有土地资产的流失问题，又为国有困难企业的改制改组创造了条件。这主要是针对现有国有企业使用的划拨土地使用权需要改制时适用。

五、集体建设用地使用权

因兴办乡镇企业和村民建设住宅需要，或因建设乡（镇）村公共设施和公益事业的需要，经依法批准，可以使用农民集体所有的土地，此类土地就是集体建设用地使用权。

在土地利用总体规划确定的城市和村庄、集镇建设用地规模范围内，为实施该规划而将农用地转为建设用地的，按土地利用年度计划分批次由原批准土地利用总体规划的机关批准。在已批准的农用地转用范围内，具体建设项目用地可以由市、县人民政府批准。

乡镇企业、乡（镇）村公共设施、公益事业、农村村民住宅等乡（镇）村建设，应当按照村庄和集镇规划，合理布局，综合开发，配套建设；集体建设用地，应当符合乡（镇）土地利用总体规划和土地利用年度计划，并依照有关法律的规定办理审批手续。

农村集体经济组织使用乡（镇）土地利用总体规划确定的建设用地兴办企业或者与其他单位、个人以土地使用权入股、联营等形式共同举办企业的，应当持有关批准文件，向县级以上地方人民政府土地行政主管部门提出申请，按照省、自治区、直辖市规定的批准权限，由县级以上地方人民政府批准；其中，涉及占用农用地的，依法办理审批手续。

农村村民一户只能拥有一处宅基地，其宅基地的面积不得超过省、自治区、直辖市规定的标准。

农村村民建住宅，应当符合乡（镇）土地利用总体规划，并尽量使用原有的宅基地和村内空闲地。

农民集体所有的土地的使用权不得出让、转让或者出租用于非农业建设；但是，符合土地利用总体规划并依法取得建设用地的企业，因破产、兼并等情形致使土地使用权依法发生转移的除外。

第五节 不动产经纪规范

一、不动产经纪执业规范

我国的不动产经纪行业是一个既古老又现代的行业，历经千年发展，沉淀了很多行规。不动产经纪机构和人员除了遵守基本的法律法规之外，还应当遵守不动产经纪行业的行规行约，即不动产经纪执业规范。不动产经纪执业规范的适用对象包括不动产经纪机构和不动产经纪人员。房地产经纪执业规范是房地产经纪机构和房地产经纪人员践行职业使命、履行契约义务、承担专业责任的保障。

不动产经纪执业规范会引导不动产经纪机构和人员更好地开展不动产经纪并从中受益。不动产经纪执业规范的具体作用主要表现如下：

对不动产经纪人员来说，通过学习执业规范，可以明是非、知对错；通过遵守不动产经纪执业规范，能够校正执业行为，提高服务水平。对不动产经纪机构来说，可以依据执业规范制定企业内部的不动产经纪业务流程和不动产经纪服务标准，提高业务管理水平和服务规范化程度；不动产经纪执业规范作为行规，可以调整同行间的竞争合作关系，防止或者减少同行的不正当竞争，化解业内的矛盾纠纷；执业规范是行业自律必不可少的行规文件，通过行业自律实现行业自治，不仅管理成本低而且管理效果好，有利于促进不动产经纪行业持续健康发展。

不动产经纪执业规范的形成是一个约定俗成的过程。当不动产经纪行业发展到一定阶段后，众多从业者为了调整与客户、社会之间以及同业之间的关系，积极提倡规范执业行为时，便自发成立不动产经纪行业组织。不动产经纪行业组织应会员或者广大执业人员的要求，将约定俗成或者大家达成共识的行为规范和道德准则用文字固定下来，再通过公约、守则、规则、准则、规范、标准等自律性文件方式予以发布。我国唯一全国性不动产经纪执业规范是中国房地产估价师与房地产经纪人学会发布的《房地产经纪执业规则》。

不动产经纪执业规范主要依靠不动产经纪人员的理念、信念、习惯及行业自律来自觉遵守，同时通过行业组织自律管理、职业教育培训以及社会舆论监督来协助落实。合法、自愿、公平、平等、诚信是不动产经纪执业的基本原则，不动产经纪机构和人员进行不动产经纪必须恪守这些基本原则。

二、房地产经纪人职业资格考试

目前，不动产经纪人职业资格考试只开展了房地产经纪人职业资格考试，其他行业协会的不动产职业资格考试还在研究制定中，这里只简单介绍房地产经纪人职业资格考试。

设立房地产经纪人员职业资格的分级认证制度是国际通行做法。比如，美国的房地产经纪人和房地产销售员，我国香港地区的地产代理（个人）和营业员，我国台湾地区的房地产经纪人和经纪营业员。我国参照了国际上的通行做法，把房地产经纪人员职业资格分为房地产经纪人、房地产经纪人协理和高级房地产经纪人三个级别。我国设立房地产经纪专业人员水平评价类职业资格制度，政府及相关行业组织面向全社会提供房地产经纪专业人员能力水平评价服务，并纳入全国专业技术人员职业资格证书制度统一规划。房地产经纪人协理和房地产经纪人职业资格实行统一考试的评价方式。

通过房地产经纪人协理、房地产经纪人职业资格考试，取得相应级别职业资格证书的人员，表明其已具备从事房地产经纪专业相应级别专业岗位工作的职业能力和水平。房地产经纪专业人员职业资格是指由人力资源和社会保障部与住房和城乡建设部指定的专业水平评价组织进行评价，表明具有相应职业能力、可从事相应级别房地产经纪专业岗位工作的职业资格，包括房地产经纪人职业资格、房地产经纪人协理职业资格和高级房地产经纪人职业资格。房地产经纪专业人员职业资格的评价与管理工作由中国房地产估价师与房地产经纪人学会具体承担。

三、不动产经纪行业管理

不动产经纪行业管理是人民政府不动产经纪管理部门、不动产经纪行业组织对不动产经纪机构和不动产经纪人员、不动产经纪和不动产经纪行为实施的监督管理。不动产经纪行业管理的目的在于规范不动产经纪行为，协调不动产经纪相关当事人（如不动产经纪机构、不动产经纪人员、不动产经纪服务对象）责、权、利关系，维护相关当事人合法权益，促进不动产经纪行业持续健康发展。

行业管理制度的设计和行业管理政策的制定都应当有利于创造良好的行业生存发展环境，有利于建立、完善行业自我提高、不断进步的发展机制。不动产经纪行业管理应当完善行业管理的法律法规，提高从业人员的职业素养、职业道德水平和专业胜任能力，规范不动产经纪服务行为，改善不动产经纪行业的社会形象，引导行业持续健康有序发展。不动产商品的特殊性和不动产交易的复杂性都使得不动产经纪是专业性极强的经济活动，因此，应将不动产经纪行业与其他经纪行业分开，参照证券、保险经纪行业的模式实施专业管理。

不动产经纪行业管理主要有行政监管模式、行业自律模式、行政监管与行业自律相结合模式。其主要从行业的专业性、规范性和公平性方面进行管理。

目前我国不动产经纪行业管理涉及的行政部门较多，主要包括住建部、发改委、人社部、工商行政管理等部门。各部门按照职责分工开展不动产经纪的监督和管理。我国不动产经纪行业监管的方式主要有现场巡查、合同抽查、投诉受理等。

第四章 不动产产权产籍管理

第一节 不动产产权产籍管理概述

一、产权与产籍的概念

产权概念在我国使用过程中常常被等同于财产所有权。所谓财产所有权，《中华人民共和国民法通则》有明确规定，是指所有人依法对自己的财产享有的占有、使用、收益和处分的权利。《辞海》释文原文中指出，产权，财产所有权，一般指不动产，如土地、矿山、厂房设备、房屋等的所有权。然而，很多情况下，财产所有权并不能涵盖产权的全部内容，例如，知识产权中的知识并非完全属于财产，其所有权当然也不完全属于财产所有权，知识虽有某些财产性质，但它既非动产，也非不动产；再如，上游造纸厂向河流排污，下游受到影响的居民是否有权要求赔偿，其中涉及的排污权问题也不是所有权。鉴于此，第二种观点将产权视为经营权或他物权，认为产权是由所有权派生出的并受所有权制约的财产权。由于出发点和立足点不同，决定其产权定义与第一种观点迥然不同，但该定义对产权的阐释仍然具有片面性。为此，第三种观点认为产权等同于财产权，既包括所有权，还包括经营权等他物权。

由于第三种观点囊括前两种观点的内容，其关于产权概念的阐释涉及的范围和领域更加广泛，同时相对西方产权学派宽泛而抽象的产权界定而言，其产权界定在实际应用中更具可操作性，因此是目前产权定义的主流观点。从法律上看，财产权是具有物质内容或直接体现经济利益的权利，具体包括物权、债权和知识产权等内容。其中，物权是指在法律规定范围内，对待定物直接管领和支配，享有利益并排斥他人干涉的权利，人们经常提及的所有权就是最重要的物权。债权是指依据合同或者法律规定在特定当事人之间产生的一种特定权利、义务关系，当事人某一方有权要求他方做出一定行为或者不做出一定行为。知识产权是人身权和财产权的统一体，是人们享有的在科技、文化等领域里创造的精神财富的权利。知识产权属于无形财产，能够看到的只是知识产权的载体，知识产权具体又包括著作权（版权）、专利权、商标专利权、发现权等。

产籍，顾名思义，可以理解为有关财产的簿册。其中，籍在古语中的应用相当广泛，意指专供记录者使用的簿册。例如，用来记录收支往来情况的账册称为簿籍；用来记录人口信息的簿册称为户籍；用来记载土地信息的簿册称为地籍等。同时，籍还含有依附土地空间之义，例如，籍贯、原籍、寄籍、外籍等词汇中的"籍"均有地点的意思，而军籍、学籍中的"籍"则含有辖属的意思。另外，古语中的籍作为簿册，不是单本独册，而是多种或多套簿册组合。因此，产籍的完整定义可以理解为主管单位或部门记录财产的存在、所属、时间特征以及财产与财产、产权人与产权人之间关系的资料汇总。产籍资料需要分卷归宗，按照不同类别标志排列有序，方便存档和查阅。产籍作为有效管理财产的凭证，以财产登记为基础，目前，我国实施登记管理的财产项目很多，既有土地、房屋等不动产，也有车、船等动产，还有的属于危险品财产，如枪支、家养犬，也需要进行财产登记造册和管理。

二、不动产产权与产籍

（一）不动产所有权

不动产所有权是所有者对其所有的不动产享有的占有、使用、收益和处分的权利，权利具有严格的排他性。在我国，实行社会主义土地公有制，其中，城市市区土地属于国家所有；农村和城市郊区的土地除由法律规定属于国家所有的以外，属于农民集体所有；宅基地和自留地、自留山属于农民集体所有。同时，土地所有权不能买卖，其转移的唯一形式是国家征收，且国家土地征收是单向的土地所有权转移，前提是公共利益需要，国家需要支付一定补偿给予集体土地所有者。房屋是附属于土地的不动产，虽然我国土地实行公有，但房屋既可以国民私有，也可以国家和集体公有，还可以企业法人或三资企业所有。房屋所有者依法可以行使完整的占有、使用、收益和处分房屋并排除他人干涉的权利。由于房屋与土地紧密依附，房屋所有者必须与其占地范围内的土地使用者保持一致,房随地走,地随房走,房屋所有权和土地使用权必须同时转移。

（二）不动产使用权

不动产使用权是不动产所有权派生出的一种权利,是对不动产享有的占有、使用、收益和部分处置的权利。在我国,国有土地可以由个人或单位使用,但集体土地使用者资格有着严格限制,集体土地只能是兴办乡镇企业、村民建设住宅和乡（镇）村进行公共设施和公益事业建设,或者是乡镇企业因破产兼并、入股联营等原因造成的土地使用权转移。由于土地所有权不能买卖,一般土地使用权是有期限限制的,有偿取得的国有土地使用权,使用年限住宅用地最高70年,工业用地最高是50年,商服和旅游用地最高为40年；承包集体土地使用权,耕地承包期30年,草地承包期30~50年,林地承包期30~70年等。房屋使用权的取得一般没有限制,无论公房或私房,都可以经由房屋租赁等形式取得房屋使用权,使用期限由当事人协商确定,一般不超过房屋自然寿命或土地使用年限。

（三）不动产他项权利

不动产他项权利是指在他人所有房屋和土地上设定的限制物权,具体包括居住权、地役权、抵押权、异议权等。

1. 居住权

居住权是《民法典》物权编新增的用益物权的种类。居住权是指权利人为了满足生活居住的需要,按照合同约定或遗嘱,在他人享有所有权的住宅之上设立的占有、使用该住宅的权利。

居住权作为用益物权具有特殊性,即居住权人对于权利客体即住宅只享有占有和使用的权利,不享有收益的权利,不能以此进行出租等营利活动。

2. 地役权

地役权是指因自己所有或使用的土地受环境所限而必须使用他人土地的权利。受到便利的土地称为需役地,给予他方以便利的土地称为供役地或承役地。地役权包括在供役地上通行、灌溉、排水等权利。地役权与地上权不同,地上权是在他人土地上建筑和种植竹木等并取得地上物所有权的权利,而地役权是利用他人土地提高自身土地效益的权利。地上权的特点表现为：首先,地役权不能离开需役地独立存在,地役权随需役地所有权产生或消灭；其次，地役权可以有偿取得，也可以无偿取得，地役权不能与需役地分离而转让。

3. 抵押权

抵押权是指抵押人通过不转移占有方式以其合法的不动产向抵押权人提供债务履行担保的权利。抵押行为发生后，一旦抵押人在抵押到期后不能还本付息，抵押权人享有依法以抵押不动产拍卖所得价款优先受偿的权利。用以抵押的不动产可以是债务人所有，也可以是第三人所有，设定这一权利的债务人或第三人是抵押人，债权人是抵押权人。不动产抵押不转移不动产的占有，用于设定抵押权的标的物仍然由债务人或第三人行使占有、使用、收益和处分的权利。不动产抵押权的特点是：抵押权以债权的存在为前提，不能脱离债权债务关系独立存在；抵押过程中，抵押标的物不转移占有；抵押权人对抵押不动产享有物上请求权，用以抵制非法侵害抵押不动产的行为；抵押权具有追及效力和优先受偿的效力。

4. 异议权

异议权是被征集信用信息的民事主体所享有的，对所征集的信用信息以及加工的征信产品提出不同意见的权利。

（四）地籍

地籍是地产产籍，是指记载土地位置、界址、数量、质量、权属和用途及其动态变化的簿册。地籍具有空间性、法律性、精确性和连续性的特点。地籍的空间性是由土地的空间特点所决定的。在一定的空间范围内，地界的变动必然带来土地使用面积的改变；各种地类界线的变动也一定会带来各地类面积的增减变化，所以地籍内容不仅需要记载在地籍簿册上，同时还应标绘在地籍图上，并力求做到图册与簿册相一致。地籍的法律性是指地籍图上界址点、界址线的位置和地籍簿上的权属记载及其面积的登记都应有依据，甚至有关凭证也是地籍的必要组成部分。地籍的法律性体现了地籍图册资料的可靠性。地籍的精确性是指地籍资料的获取一般要通过实地调查获得，同时还要运用先进的测绘科技手段，否则就会使地籍数据失真。地籍是一种动态现象，为反映地籍资料的现势性，必须对地籍资料经常更新，保持资料记载和数据统计的连续性。

（五）房籍

房籍是房屋产籍，是房屋的产权档案、地籍图纸以及账册、表卡等反映产权现状和历史情况的资料簿册，是国家主管部门对房屋及其产权进行登记管理和登记之后形成的各种文件资料的总称。房产产籍通过图形、文字、原始证据等反映房屋产权状况、房屋及其使用国有土地的情况，产籍一般由图纸、档案、卡片、账册组成，简称为图、档、卡、册。由于房屋总是必须附着于土地之上，因此，房屋产籍不同于地籍，它以房屋和土地并重，房产和地产一体化为基本特征，其内容相对地籍资料更加丰富，具体反映房地产权属及来源、坐落、用地面积、房地权界、房屋建筑面积、房屋结构、层数、用途、建筑时间等基本状况。同样，由于房地产状况随着时间和城市建设等时常发生变化，房屋产籍资料也必须经常进行更新。

三、不动产产权与产籍管理

（一）产权管理与产籍管理的区别

产权管理是政府行政行为，不动产产权管理是国土和建设部门代表国家行使政府职能，涉及面广，政策性强，管理内容直接关系广大群众利益，产权登记和发证是不动产产权确认的法律凭证，对于产权归属产生明确的法律效力。产籍管理是政府内部行政管理工作，管理的直接对象是产籍资料，尽管产籍资料在产权管理过程中形成，但产籍管理不与产权当事人发生直接关系，同时具有技术性和专业性较强的特点。

（二）产权管理与产籍管理的联系

产权管理是产籍管理的基础，产籍管理是产权管理的依据，二者紧密联系，互为补充，成为不动产产权产籍管理不可分割的重要内容。产权管理为保障不动产权利主体合法权益，需要及时进行不动产权属审查和确认，并依法登记和发放权利证明，只有通过上述工作，才能形成一系列有关不动产情况的产籍资料。因此，没有产权管理，就不可能有全面完整的产籍资料，产籍管理工作也无从谈起。而产籍资料记录的产权来源及其演变过程等信息，是产权管理中进行产权审核确认和调处纠纷的重要依据，因此，没有产籍资料，产权管理也无法进行。产权管理和产籍管理是相互交织和有机结合的两项工作，相互促进，缺一不可。

(三) 不动产产权产籍管理的内容

不动产产权产籍管理是国家就土地和房屋等不动产所有权、使用权和他项权利的取得、转移、变更和灭失等产权运动及其产生的产权档案、产籍图纸、账册、表卡等反映产权现状和历史情况的文件资料的管理。不动产产权产籍管理的内容丰富，具体可归纳为调查、登记、统计、档案管理和产籍信息系统五个方面。同时，按照管理对象不同，不动产产权产籍管理又可分为土地产权产籍管理和房屋产权产籍管理两个方面。前者管理的对象是土地，管理的主体是国家土地行政主管部门；后者管理的对象是房屋，但由于房屋依附在土地之上，因而管理的对象实际是房屋及其占用范围内的土地，管理的主体是国家建设行政主管部门。

第二节 土地产权产籍管理

一、土地调查

（一）地籍调查

地籍调查是土地登记发证的前期准备工作，其目的是通过地籍测量获得宗地界址点的平面位置、宗地形状和面积，通过权属调查核实宗地的权属和确认宗地界址的实地位置，掌握土地利用状况。地籍调查的具体内容可归纳为四个方面：一是查清宗地位置、界线、形状和四至；二是查清宗地权属状况；三是查清宗地面积和质量等级；四是查清宗地的利用类型。其中，查清权属状况是地籍调查的重点。

1. 地籍调查的基本单元

地籍调查的基本单元是宗地，所谓宗地，是由权属界址线所封闭的地块或独立权属地段。一个单位使用的土地被分割为互不相连的若干地块，则每个地块称为一宗地；反之，某个地块被若干单位共同使用，则其也是一宗地，通常称为共用宗；对于同属一个单位的特大宗地，若不同用途的土地面积较大，且地类界线清楚，可按照地类界线划分为若干宗地。地籍调查中，需要进行宗地编号，宗地编号一般按照行政区、街道（或图幅）以及宗地三级进行，较大的行政区域可按照行政区、街道、街坊和宗地四级编号。

2. 地籍调查的基本程序

（1）准备工作

准备工作包括组织准备、资料准备和物质准备三方面。

组织准备要拟订地籍调查计划，明确地籍调查任务、范围、方法、时间、步骤和人员及预算经费。人员要进行技术培训，调查前进行调查试点，以提高调查人员的技术水平和责任心。

资料准备包括图件资料和权利证明资料。其中，图件资料是指测量控制网成果、地籍原图、近期大比例尺地形图、航片平面图、土地利用现状图等；权利证明资料包括征地、划拨、出让、出租和转让土地案卷及红线图；土地调查、土地清查和房屋普查资料；土地利用总体规划和城市规划资料；权属来源证明文件等。

物质准备需要印制统一的调查表格和簿册，如地籍调查表、土地分类面积统计表、面积量算汇总表、测量记录、计算簿册等。需要准备必需的调查仪器和工具，如测绘仪器、面积量测仪器、计算器、皮尺、卡规、坐标格网尺、三角尺、直尺、点圆规、复式比例尺、小笔尖、薄膜、原图纸以及生活、交通工具和劳保用品等。

（2）权属调查

权属调查是以宗地为基本单位，调查宗地的位置、境界、权属、权源、利用类型、有无地权纠纷等。权属调查前，要准备调查底图和调查表，其中，调查底图采用地籍图或大比例尺地形图复制图，调查表的内容包括宗地号及所在的图幅号；土地位置、权属性质、宗地四至；土地使用者名称；单位所有制性质及主管部门；土地使用单位（者）、法人代表姓名、身份证号码、电话号码；指界授权委托代理人姓名、身份证号码、电话号码；批准用途、实际用途及使用期限；宗地草图；界址调查记录；地籍调查记事及调查员意见，地籍细部测量记事；调查结果审核等内容。权属调查中，确认权属需要本宗地和相邻宗地使用者亲自到现场指界。有关当事人指界有争议的，应由当事人双方协商解决，协商不能解决的，由人民政府处理。权属调查结果应现场记录在地籍调查表上，并绘出宗地草图。

（3）地籍测量

地籍测量是在权属调查的基础上，借助测量仪器，通过科学的方法在一定区域内测量每宗土地的权属界线、位置、地形及地类界线等的技术性工作。地籍测量包括地籍平面控制测量和细部测量，其中，控制测量是通过控制网的布设、观测和计算来确定控制点位置的工作；细部测量是以控制点为基础，测定地物地貌的平面位置和高程，并将其绘制成图的工作。

3. 地籍调查的成果资料

地籍调查工作成果包括地籍原图和分幅接合表、宗地图、土地权属单位及地籍图、宗地面积、权属单位土地面积和各类用地面积、地籍控制测量和细部测量结果、调查文字报告等。

4. 地籍调查中城镇土地分类

根据土地管理的需要，我国城镇地籍调查曾采用过三种不同的分类：城镇土地分类、全国土地分类和土地利用现状分类。将城镇土地划分为一级类、二级类。一级类分别是商业金融业用地、工业仓储用地、市政用地、公共建筑用地、住宅用地、交通用地、特殊用地、水域用地、农用地和其他用地。二级类的划分为：商业金融业用地分为商业服务业、旅游业和金融保险业用地；工业仓储用地分为工业和仓储用地；市政用地分为市政公用设施和绿化用地；公共建筑用地分为文体、机关和宣传、科研和设计、教育、医卫用地；交通用地分为铁路、民用机场、港口码头和其他交通用地；特殊用地分为军事设施、涉外和监狱用地；农用地分为水田、菜地、旱地和园地。

（二）土地利用调查

1. 土地利用现状调查的内容

土地利用现状调查是以县为单位，查清各类土地利用分类面积及其分布和利用状况，自下而上逐级汇总为省级和全国的土地总面积及土地利用分类面积。土地利用现状调查的基本单元是图斑，所谓图斑，是指行政村内被二级地类界线所封闭的地块。土地利用现状调查的具体内容包括：查清各类土地权属界线和村以上各级行政辖区范围界线；查清各地类及其分布，并量算各类土地面积；按土地权属单位和行政区范围，分别汇总各地类面积及土地总面积；编制分幅土地权属界线图和县、乡两级土地利用现状图；调查、分析土地权属和土地利用中的问题，总结经验，提出合理利用土地的建议。

2. 土地利用现状调查的程序

（1）准备工作

组织准备上，要成立调查领导工作小组，组建专业的调查队伍，建立调查规章制度等。调查前，要组织编写调查任务书，报上级主管部门批准。任务书内容包括调查区域基本情况、调查所需土建资料和技术条件、调查工作的实施步骤和方法、调查的时间安排和经费预算。调查前，需要收集的资料包括近期地形图、航摄像片或影像平面图、与调查区域有关的行政区划、地质地貌、水利、交通、土壤、气象和农林牧等方面的图件和文献资料；调查区域的社会经济资料，如人口、劳动力、生产和经济状况等；有关图件和证明文件、技术规程以及政策文件等。另外，还必须准备测绘、计算、量算、航片转绘工具及各种手簿等以及调查所需的生活、交通和劳保用品。

（2）外业调绘与补测

外业调绘包括境界与土地权属界的调绘、地类调绘、线状地物调绘。

境界与土地权属界的调绘中，境界是国界及各级行政区划界线；土地权属界是各用地单位的土地所有权界和土地使用权界。国界遵照国家标准，行政区划界和土地权属界由相邻单位共同确认，界线有争议的，应填写争议缘由书，并将当事人各自确认的界线标注在图上。

补测地物是保证现状图现势性的基础，就地物地貌发生变化的地段进行的重新测量。如果地物地貌变化范围在1/3时，应进行地物的补测。补测一般采用单张航摄像测图或平板仪测图，补测方法有距离交会法、直角坐标法、极坐标法等。补测地物点与明显地物点位置中误差要求：山地平地小于等于±0.8mm、丘陵地±1.2mm。

（3）内业转绘

内业转绘包括航片转绘、面积量算和成果整理等内容。

航片转绘是指将航片外业调绘的内容转绘到内业底图上的室内工作，其成果是编制土地利用现状图和土地权属界线图的原始存档工作底图。由于外业调绘使用的是单张未经纠正的中心投影航片，其存在倾斜误差、投影误差和比例尺变化，需要通过转绘来消除误差，变中心投影为正射投影，将航片比例尺归化到某一固定比例尺，获得所需的工作底图。转绘底图可以是航片平面图或影像地图，也可以是地形图。转绘方法包括图解转绘法和仪器转绘法两大类。其中，图解转绘是根据航片和地形图上已知同名地物点，利用直尺、圆规等作图工具，通过图解来进行转绘；仪器转绘是将航片外业调绘、补测的内容通过仪器转绘到内业底图上。

面积量算的基本原理是运用几何学原理和微积分原理计算面积，面积量算方法可分为直接计算面积法和图上量算面积法。其中，直接计算面积法是依据实地测量所得的数据，利用解析法直接计算图形面积；图上量算面积法是在编绘合格的土地利用现状图工作底图上，按照《土地利用现状调查技术规程》的精度要求，利用某种方法量算图形面积。为保证面积量算的精度，应遵循"图幅控制，分级量算，按比例平差，逐级汇总"的原则，即以图幅理论面积作为控制，逐幅先量算本幅图起控制作用的各土地使用单位的面积（如县、乡、村等分区面积），再量算其内部的碎步面积（地类和地块），自上而下分级量算，最后在量算面积之和与理论控制面积的误差（闭合差）处于容许误差范围内时，根据各级的面积大小，按比例平差，平差后的面积再自下而上逐级汇总。

（4）检查验收

土地利用现状调查成果实行省、县、作业组三级检查和省、县两级验收制度。检查验收的程序首先是作业组自检和互检，然后是县级检查验收，最后是省级检查验收。检查验收内容分为六项，即外业成果、航片转绘成果、面积量算成果、图件成果、调查报告和档案材料整理，成果评价是通过计算质量合格率进行，凡质量合格率在80%以上为合格，否则为不合格，总合格率按各项合格率与其所占权重的乘积之和计算。

二、土地登记

（一）土地登记的分类

按照时间和任务不同，土地登记分为初始土地登记和变更土地登记。初始土地登记又称为土地总登记，是土地登记机关在同一时间内对一定范围（一般是县或市）内全部宗地土地所有权和使用权及他项权利进行集中统一的登记。初始登记一般是在统治者取得政权后通过立法对国内土地实行的第一次登记或重新登记，也有在国家政策、法律有重大调整后，或者出于统治者的其他需要，对全部土地进行的重新登记。变更土地登记又称为日常土地登记，是对已经进行初始土地登记的任一宗地的土地所有权、使用权和他项权利及相关内容发生变化而进行的相应的变更登记。土地初始登记是土地变更登记的基础，土地变更登记是土地初始登记的延续，通过土地变更登记，可以保持土地登记内容的现势性和法律效用。

（二）土地登记的内容

1. 土地权属性质和来源

土地权属性质是指登记的土地是国有还是集体所有，是登记的所有权，还是使用权或他项权利。按照土地权属性质不同，可以分为国有土地使用权、集体土地所有权、集体土地使用权和土地他项权利。土地权属来源是指土地所有者或使用者初始取得土地的方式，例如，是继受取得，还是市场交易获得，是否存在相应的权源证明材料等。

2. 土地权利主体

按照土地权利性质不同，土地权利主体可分为国有土地使用者、集体土地所有者、集体土地使用者和土地他项权利者，权利主体可以是国家和农村集体，也可以是单位或个人。

3. 土地权利客体

登记土地的坐落、界址、面积、用途、使用条件、等级和价格等。

（三）土地登记的程序

1. 初始土地登记的程序

（1）土地登记申请

初始土地登记开始，土地登记机关采用一定的形式如公告、通知等，说明申请登记的范围、对象和地点。土地登记申请人应当是有资格拥有或使用土地的单位或个人，申请时，应提交证明申请人身份的合法证件，委托代理申请的，还必须提交授权委托书。受理申请以宗地为单位，一个申请人有多宗地，要分别申报，共用宗地由共用人申报。土地登记申请人应当按规定填写《土地登记申请书》。申请书包括四方面内容：一是申请人情况，如申请人名称（姓名）、单位法人代表姓名、住所、上级主管单位等；二是申请登记的土地状况，如土地坐落、土地产权性质、土地面积、土地用途、土地等级等；三是宗地范围界线草图（注明相邻单位名称）；四是产权来源及产权证明材料等。土地登记机关应当对申请人的资格、申请书的完整性和规范性、产权证明文件的有效性等进行初步审查，确定是否需要补充申请材料或驳回申请。

（2）地籍调查

地籍调查是由土地管理机关对申请登记的土地采取实地调查、核实、测量、定界、成图等措施，查清土地的位置、产权性质、界线、面积、用途及土地产权人的有关情况，以便进行土地登记。地籍调查分为权属调查和地籍测量两个部分。

（3）审核批准

土地登记的审核批准是县级以上人民政府根据土地管理部门的调查结果和审核意见决定对申请登记的土地产权是否准予登记的法律程序。土地登记审核内容为：一是产权来源是否合法；二是权属界址是否清楚；三是土地面积是否准确；四是土地利用是否合理；五是土地价格是否客观；六是登记资料是否齐全，如地籍图上各地籍要素是否齐全清晰等。审核后，审核结果应进行公告，公告期满无异议的，可报人民政府批准。

（4）注册登记和颁发证书

土地注册登记是将经人民政府批准登记的土地产权及有关内容正式填写在土地登记卡（簿）上，使之具有法律效力，同时填写土地归户卡（册）和土地证书。土地归户卡依照土地登记卡填写。所谓归户，就是把产权人作为主项，把由其拥有或使用的土地都归到一起逐宗予以排列。一户一宗地填写归户卡，以便进行产权管理。土地证书是根据土地登记卡由土地管理部门填写，县级以上人民政府颁发，土地证书分为三种，即《国有土地使用证》《集体土地所有证》和《集体土地使用证》。土地他项权利登记在其所附属的土地所有权或使用登记卡和土地证上，同时向他项权利持有人颁发《土地他项权利证明书》。尚未确定土地使用权的国有土地，如国有储备土地及无人管理的公益事业用地、江河湖泊、荒山等由县级人民政府土地管理部门进行登记造册，不发土地使用证。

2. 变更土地登记的程序

（1）变更土地登记申请

变更涉及一方的，如用途或地址变更，由当事人一方申请变更登记；变更涉及多方的，由变更各方共同申请变更登记，如土地使用权因转让发生转移，失去权利的一方申请办理土地使用权注销登记，获得权利的一方申请办理土地使用权登记。变更登记申请时间有明确规定：新建项目用地，在用地批准后一个月内申请变更登记，项目竣工后 30 日内，申请复查合格，可正式办理变更登记；土地使用权出让的，在全部支付出让金后 15 日内持合同和出让金支付凭证申请变更登记；出售、交换赠与、抵押土地使用权的，在签订合同 15 日内持合同申请变更登记；因机构调整、企业兼并等原因引起宗地合并或分割的，应由有关各方在合同、协议或上级部门批准后 30 日内申请办理变更登记；土地使用权继承的，应在继承实现后 30 日内申请变更登记；地址和用途变更的，应在变更后 30 日内申请变更登记；因征用等原因造成权利灭失的，应在权利灭失 15 日内申请注销登记；因农用地的交换或调整发生权属变更的，应在交换或调整协议签发后 30 日内申请变更登记。变更土地登记申请阶段包括三项内容：一是登记机关检查申请人提交的有关证件；二是申请人填写变更土地登记申请书；三是登记机关接收申请人提交有关申请变更土地登记的文件。

（2）变更地籍调查

地籍调查人员接到由土地登记机关转来的《土地变更登记申请书》变更后，应立即向变更土地登记申请人发送变更地籍调查通知书，按通知书规定日期到现场进行实地调查和勘丈，绘制新的宗地草图，对地籍原图进行修测和补测，并在其上描绘宗地图，根据调查情况，填写《地籍调查表》。

（3）变更土地登记审核

在经过变更地籍调查后，即转入审核批准阶段。审核批准是以土地变更的权源证件、地籍档案和地籍调查资料为基础，以国家的有关政策和法律为根据，认真审核申请变更土地登记的权源是否清楚，变更的程序是否合法的一项复杂而细致的工作。权属审核要求做到层层把关，"三审"定案。所谓"三审"，即初审、复审和审批三个阶段。在权属审核中，必须建立责任制，谁办的案件谁负责。初审主要对土地变更的事实根据负责；复审主要对土地变更适用的政策、法律准确性负责；审批则是对土地变更全面负责。

（4）登记注册

变更土地登记申请在经过地籍调查和权属审核无误、报人民政府批准后，土地管理部门再进行注册登记，更改更换土地登记卡、归户册及土地证书。按《土地登记规则》的要求，凡是宗地的土地使用权（所有权）变更的，须更换土地登记卡。新卡的备注栏里填写原土地使用（所有）者。原土地登记卡附在新卡的后面，并在原卡上注明该宗地的变更过程以备查考，凡是主要用途或其他项目变更的，不更换土地登记卡，在原卡上进行变更即可。对土地证书的更改或更换也是根据土地变更的内容决定的，凡因土地权属变更及土地使用者或所有者名称变更的，须更换土地证书。凡属土地用途变更的，更改土地证书，其变更的内容填写在变更记事栏内。

三、土地统计

（一）土地统计的分类

按照统计时间和任务不同，土地统计可以分为初始土地统计和年度土地统计（日常土地统计）；按照国家土地统计管理体制有关统计报表的报告程序，土地统计可以分为国家土地统计和基层土地统计。

初始土地统计是首次根据土地资源调查的基础资料开展的土地统计工作，是土地统计工作的起点，这个起点是人为确定的。为保证土地数据的连续性和现势性，可将土地利用现状调查结束作为初始土地统计的起点，土地利用现状调查的成果作为初始土地统计的依据。初始土地统计也可以在初始土地登记后进行，把初始土地登记的各类土地利用面积作为初始土地统计的基本依据资料。

通常，土地统计是指在初始土地统计的基础上对土地变化状况进行的统计，通过变更调查，对所属行政范围内的土地利用现状进行全面核实，并及时地反映在土地统计表册和统计图件上。国家土地统计是为了及时准确地掌握全国以及各省、市、县的土地利用变化、耕地变化、建设用地变化等而进行的统计。

（二）土地统计的程序

1. 土地统计设计

土地统计设计是确定土地统计所要达到的目的，并对统计工作的各方面和全过程进行通盘考虑和协调安排，其具体内容包括确定统计目标、设计统计指标和表格、制订统计调查方案等步骤。

2. 土地统计调查

土地统计调查是按已有的调查方案，采用科学方法收集土地原始资料和开展实地调查的过程。土地统计调查包括资料收集和实地调查等步骤。

3. 土地统计整理

土地统计整理是根据土地统计研究的任务和目的，对土地统计调查取得的各项原始资料进行审核汇总，使其系统化和条理化，得出反映土地资源总体特征的综合资料。

4. 土地统计分析

土地统计分析是土地统计过程的最后阶段，是对土地统计数据进行分析研究，说明土地利用状况，揭示土地变化规律，提出解决问题的方案和建议。土地统计分析一般包括土地现状及动态分析、土地专题分析、土地综合分析和土地预测分析等。

（三）土地统计表和土地统计图

土地统计表和土地统计图是土地统计结果的重要反映形式。

土地统计表可以看成是填有土地统计指标的表格，统计指标具体由指标名称和指标数值组成。土地统计表具体包括总标题、统计指标名称、权属单位或统计单位名称、统计指标的计量单位、统计单位、土地权属性质和主管部门等。

土地统计图是土地统计的重要文件，县级土地统计图一般采用1∶1万分幅土地统计图，已完成地籍调查和土地利用现状详查的县可以采用地籍图或土地利用现状图作为土地统计图。土地统计图必须具备下述内容：各级行政界线、各级地类界线及地类符号、权属单位名称及编号、权属单位面积和地类面积统计表、比例尺、图名、图廓、图例和指北针等。在进行土地经常统计时，要先根据已校核过的文据、图纸资料，将全县范围内土地权属和土地利用变化用铅笔标示到土地统计图上，到实地调查核实后，再统一用红墨汁描绘，然后清绘、复制成本年度土地统计图。由于在图上反映出土地面积变化的具体位置，就可发现土地统计中的错误，避免面积的重叠和遗漏。

四、地籍档案管理

（一）地籍档案管理的概念

地籍档案是在地籍管理过程中直接形成的，具有保存和参考价值的文字、维护图表、声像等不同形式的历史记录和客观见证。地籍档案管理可以理解为以地籍档案为对象而进行的收集整理、分类编目、归档保管和提供利用等各项活动的总称。

（二）地籍档案管理的内容

1. 地籍档案的收集和整理

地籍档案的收集是指将分散在各部门、机关、单位或个人手中的、具有保存和利用价值的地籍资料，按一定的制度和要求收集齐全，系统整理和移交给档案室的工作。地籍档案收集最重要的是建立健全地籍档案归档制度，具体包括归档范围、归档时间和立卷部门三方面内容。归档范围涵盖地籍管理工作中形成的和办理完毕的有查考价值的各种文字、图表、声像和磁盘等不同形式的地籍文件材料；归档时间可分为随时归档和定期归档两种；地籍文件材料一般由地籍部门立卷，若市、县级土地管理部门人员较紧缺，可由档案人员协助立卷。地籍档案的整理是将处于零乱状态和需要条理化的地基文件材料进行基本的分类、组合、排列和编目，使之系统化、条理化的过程，主要内容包括档案的分类、立卷、案卷排列和案卷目录编制等。

2. 地籍档案的分类和编目

地籍档案分类是指全宗内档案类别的划分，其中，全宗是指一个独立的机关或著名人物在社会活动中所形成的全部档案的总称，形成档案全宗的机关叫立档单位。地籍档案大致可分为六类：地籍综合类、土地调查类、土地登记类、土地统计类、土地分等定级估价类和土地利用变化动态监测类。地籍档案的编目是对各类不同保管单位地籍档案案卷（图集、卡片簿、册籍）目录的编制，其中，案卷目录具体包括封面、序言、目次、简称与全称对照表、案卷目录表和备考表。

3. 地籍档案的鉴定和统计

地籍档案的鉴定是在评定各种地籍档案价值的基础上，清理和销毁失去价值的地籍档案，并根据保存价值大小确定有价值的地籍档案的保管期限，根据保密程度和允许提供利用的范围确定地籍档案的保密等级。地籍档案的统计是以表册、数字形式反映地籍档案及其管理的有关情况。地籍档案统计分为档案登记和统计两部分。登记内容有地籍档案的收进、移出、整理、鉴定、保管档案数量和状况以及档案利用情况等；统计内容有地籍档案的构成、档案利用、档案工作人员构成、档案机构建设等情况。

五、地籍管理信息系统

（一）地籍管理信息系统的概念

地籍管理信息包括描述土地空间位置和状态的图形数据，如地籍图、土地利用现状图、土地级别图、宗地图等；描述土地权属、土地价值、土地位置的属性数据，如宗地号、地类、面积、权利人、地址等。多用途的地籍信息系统是一个拓扑型的空间信息系统，除包括图形和属性数据的输入、编辑、现实、增删、统计及输出等内容外，还包括便利的查询和空间分析功能。地籍管理信息系统是以计算机为基础，用管理理论和信息技术建立起来的为地籍管理业务服务的信息系统。地籍管理信息系统能够为地籍管理提供优良的工作环境、简捷的工作程序，其强大的统计能力和管理能力可以有效地提高地籍管理的工作效率。日常地籍管理中，较烦琐和易出错的工作主要有地籍图和宗地图的修编、土地变更登记、日常土地统计等，用地籍管理信息系统完成比手工完成将大大缩短工作时间，节省大量人力、物力和财力。

（二）地籍管理信息系统的功能

1. 地籍数据采集功能

地籍数据分为三类：空间几何数据、属性数据和管理数据。空间几何数据是与土地有关的各种图形；属性数据是记录空间数据的分类、土地登记、土地利用状况和土地价值等属性的数据；管理数据是地籍管理过程中生成的数据。地籍数据采集的方式有手扶跟踪数字化、图纸扫描数字化、测量数据及外部仪器数字接口、键盘输入矢量数据。

2. 图形处理功能

图形处理功能包括图形窗口的显示、地图整饰与符号设计、图形编辑、图形空间拓扑关系、属性数据的编辑、计算功能等。图形窗口为操作人员提供图形修改、查询和编辑等操作区域；地图整饰和符号设计包括图幅整饰、保存整饰结果成文件和打开某一整饰文件并编辑等；图形编辑包括对点信息的增加、删除和检索，对弧段的修改、删除、连接和断开功能，对目标的移动、删除、旋转和镜像等，对不同地物设置不同线型、颜色、符号等功能；图形空间拓扑主要是建立几何图形之间的空间拓扑关系；属性数据编辑是将一个实体的属性数据与相应的空间几何数据进行连接；计算功能主要是计算图斑的面积、周长、两界址点间的边长、两结点间的线段长度、点到直线的距离等。

3. 制图功能

制图功能提供常用的专题图的表示方法，如自然地图、人文地图或多用途地图等，同时提供各种矢量图、栅格图和全要素图等。制图部分应有与相应输出设备的接口软件，通过这些软件绘图时，应设置绘图仪的种类、绘图比例尺，确定绘图原点和图幅大小等。

4. 属性数据的管理功能

属性数据是描述对象特征性质的数据，如宗地的权属信息、地类信息、地价信息等。属性数据的管理功能包括：提供用户定义各类地物的属性数据结构和用户自定义数据结构；提供结构修改功能，如拷贝结构、删除结构和合并结构等；利用 SQL 语言提供多种灵活的数据库查询；提供数据的计算统计和统计分析功能。

5. 空间查询功能

空间查询的内容有：根据属性查图形；通过 SQL 语句查询；从属性表直接查询目标对象；根据图形查属性；进行空间关系查询；进行查询统计等。

6. 空间分析功能

空间分析包括叠置分析、缓冲区分析、空间集合分析、地学分析等内容。其中，叠置分析是将同比例尺和同区域的两组或多组图形数据的数据文件进行重叠，根据叠置后边界的交点来建立具有多重属性的图形或进行图形范围的属性特征的统计分析，叠置分析可以得到新的图形和新的属性统计数据。缓冲区分析是根据数据库的点、线、面实体自动建立起周围一定宽度的缓冲区多边形。

（三）地籍管理信息系统的设计

1. 系统需求调查和系统可行性分析

系统需求调查是通过与系统潜在的用户进行书面或口头交流，将得到的信息根据软件设计要求归纳整理，得出对系统的概略描述，具体内容包括用户情况、系统任务、系统功能、用户界面以及主要运行的软硬件环境等。系统可行性分析是在需求调查的基础上，根据社会经济和技术条件确定系统开发的必要性和可能性。

2. 地籍管理信息系统数据结构和编码

（1）空间数据结构和编码

空间数据结构也称为图形数据格式，是指适应于计算机系统存储、管理和处理的地学图形的逻辑结构，是地理实体的空间排列方式和相互关系的抽象描述。空间数据结构有栅格结构和矢量结构。栅格结构的编码方式有直接栅格编码、弗里曼链码、块码等；矢量结构编码方式有坐标序列编码、二元拓扑编码等。

（2）属性数据结构和编码

属性数据有时直接记录在栅格或矢量图形数据文件中，有时则单独以某种结构存储为属性文件，通过关键码与空间图形数据相联系。属性数据编码是将属性数据变为计算机的数值或字符形式，以便于地籍管理信息系统存储管理。属性数据编码的内容包括三个部分：登记部分、分类部分和控制部分。登记部分用来标识属性数据的序号，可直接连续编号，也可分不同层次进行顺序编号；分类部分用来标识属性的特征，可采用多位代码反映多种特征；控制部分通过一定的查错算法，检查在编码、录入和传输中的错误，在属性数据量较大的情况下具有重要意义。

（四）地籍管理信息系统软件设计

软件设计是将所要编制的程序表达为一种书面形式，具体设计方法有结构化的软件设计和面向对象的软件设计两种。结构化的软件设计的特点是软件结构清晰，便于掌握系统全貌；面向对象的软件设计特点是更接近对问题而不是对程序的描述，软件设计带有智能化的性质，这种形式便于程序开发人员与用户的交流，软件设计更具普遍意义。

（五）地籍管理信息系统的实施

实施具体包括编写应用程序、系统运行测试、系统推广应用和效益分析评价等内容。其中，编写应用程序一般采用商业化的GIS为基础软件，如MapEngine、GeoStar、ArcInfo、GeoMedia、MapInfo等，通过这类平台，用户可在自己熟悉的开发环境中研制软件产品，如使用Visual Basic、Borland Delphi、Borland C、Visual Foxpro等。系统测试的主要内容有功能度、兼容性、运行速度、可靠性、易用性和可扩充性等。

第三节 房屋产权产籍管理

一、房屋产权登记

（一）房屋产权登记的对象和范围

1. 地域范围

限于城市、县镇、建制镇和工矿区范围内的所有房屋，以及在依法取得的房地产开发用地上建成的房屋。设区的城市主要指建成区，包括市区建成区、郊区与市区相连接的建成区和郊区建制镇建成区的全部房屋，除此之外，还包括郊区建制镇以外区属以上机关、学校、工矿企事业等单位，以及相连接的城镇居民点的全部房屋。不设区的城市主要指市区及市属建制镇的建成区范围内的全部房屋，还包括市区建成区以外的市属以上机关、学校、工矿企事业等单位，以及相连接的城镇居民点的全部房屋。县城主要指县属建制镇建成区，以及县属建制镇以外县属以上机关、学校、工矿企事业单位和与其相连接的城镇居民点的全部房屋。

2. 房屋范围

指登记地域范围内的全部房屋，包括全民、集体和私人所有的房屋，以及共有房屋或民族信仰团体等所有的房屋，还包括登记地域范围内的股份制企业和涉外的房屋。涉外房屋主要指外产、中外合资产、中外合作产、外商独资产和外侨产等。这里的外产是指外国政府、企事业、学校、医院、团体及侨民的房产。中外合资产是指我国企事业单位或私人同外国企业、私人合资经营企事业新建、购置或投资的房产。对登记地域范围内的一些特殊房屋，或结构简陋、破烂不堪的房屋、临时性的房屋以及无使用价值的、正在拆除的房屋，不属于房屋的各种建筑物等，原则上不进行登记，即不属于房产登记范围内的房屋。

（二）房屋产权登记的程序

1. 准备工作

在房屋产权总登记之前，必须进行组织、行政事务准备。这是一项复杂、细致的工作，一般包括以下几个方面：①建立组织，制定各项办法、规定、制度和实施细则。②宣传动员和业务培训。③资料准备。房屋产权登记从查验证件、勘丈绘图、产权审查、制作权证到最后收费发证，要经过五个环节，每个环节都对工作人员提出一定要求。登记工作人员不但要熟悉房屋所有权登记的各项工作程序及如何办理登记手续、申请人应提交哪些证件、什么样的证件才有效，而且要掌握各项业务知识和有关的政策规定，特别是对产权的审查确认，涉及房屋所有权归谁所有这个产权登记的关键性问题，登记人员必须具备一定的法律知识，因此，在正式登记前，必须对全体工作人员进行产权产籍管理等专业知识、房屋产权登记业务知识以及有关法律、法规和政策的培训。

长期以来，各地房屋管理部门收集了众多产权产籍资料，这些资料对于审核、确认房屋的产权起着十分重要的作用。在房屋产权登记工作正式开始前，有关部门必须积极收集这些资料。产权产籍资料包括房地产交易档案、房地产接管、代管档案、私房改造档案、收购档案、新建翻建档案等。对收集的资料要集中统一进行整理，同时，被其他部门借阅的资料应全部收回归档，为房屋所有权登记做好充分的准备。

房地产平面图是房产登记工作中的基础图件，也是应收集的资料之一。在原有平面图的基础上，有关部门在登记前，应有计划地对某些房屋状况变动较大的重点地区进行实地核实，根据变化情况，修改或补测原房地产平面图，为即将开展的登记工作提供可靠的工作图纸，原来没有房地产平面图的城镇，可通过房产总登记绘制新图。

2. 登记申请

在房屋产权登记工作展开后，所有权人必须在规定的时间内申请办理房屋产权登记。

（1）查验证件

查验证件是登记申请的第一关，是产权登记机关对拟进行房屋产权登记的产权人的有关证件进行检查、核实，以确认其真实性与合法性，从而为产权审查和进一步确认所有权提供依据。查验证件是整个产权登记工作的基础，只有证件齐全，产权基本清楚，才能允许申请人填写申请书。对于那些主要产权证件不全，产权来源不清的，暂不办理登记，证件齐全后，再由申请人提出登记申请。

（2）填写房地产所有权登记申请书和房屋四面墙体界申报表

通过身份证件、产权证件检验，对证件齐全、手续完备的，即可允许申请人办理登记手续，填写房屋产权登记申请书和房屋四面墙体界申报表。

房地产所有权登记申请书是房产登记的主要文件，是房屋所有权人向房屋管理机关陈述其房产权利状态和房屋状况，请求对其房屋所有权给予法律承认和保护的一种表格式书面申请。该申请书由申请人逐项据实填写，并由申请人加盖印章或单位公章。

（3）收取证件

申请人填写好房地产所有权登记申请书和房屋四面墙体界申报表后，连同房屋产权证明文件等交登记人员审阅无误后，即予办理收件手续。

3. 勘丈

实地勘丈是产权登记机关组织人员以房屋产权人为单位，对登记申请书中反映的房地产情况逐处进行实地勘察。勘察的项目包括查清房屋现状、核实墙界与归界、测算房屋面积等。在此基础上绘制房屋分户平面图，修正房屋平面图，为产权审查提供依据。

4. 产权审查与确认

产权审查是依据国家现行政策、法律和有关的行政法规，以房屋产权产籍档案的历史资料和实地勘察的情况为基础，对照申请人提交的房地产所有权登记申请书、房屋四面墙体界申报表、产权证明文件等，逐户认真审查其申请登记的房屋产权来源是否清楚，产权转移是否合法，有关事项记载是否完备，为最终确认房屋产权把关。

产权审查、确认是颁发房屋所有权证的依据。房屋所有权证核发的前提是房屋的产权关系真实、合法。也就是说，只有通过审查并确认产权后，由房管机关代表人民政府颁发房屋所有权证。因此，房屋产权审查、确认的直接后果决定了是否准予登记并发给房屋产权证。

产权审查、确认具有法律性。由于房屋所有权证具有法律效力，一旦颁发，房屋产权人拥有的所有权便受法律保护，这就意味着房管机关在核发房屋所有权证时，要对法律负责并承担法律责任，因此，产权审查是一项具有法律效力的严肃工作。

产权审查一般采取"三审定案"制，即初审、复审和审批。

5. 产权公告

在产权审查完成初审、复审后，审批之前，登记部门应将初步审核房屋产权的情况进行公告，广泛收集和征询有关权利人（包括知情人和与房屋产权有利害关系的人）的意见，以便发现某些难以发现的隐情，及时纠正产权审查工作中可能出现的疏漏，保证产权确认准确无误。

公告是征询产权异议的一种形式，是将申请人申请房屋产权登记的房屋状况和经登记部门初步审核的有关情况，在房屋所在地张榜公布。在规定期限内，如有异议，异议人可书面向登记部门提交有关证据，申请重新复核；如无异议，即准予确认房屋所有权。

6. 注册登记

经过审查确认房屋所有权，准予发给房屋所有权证的，即进入注册登记阶段。此阶段要完成缮证、配图、校对、送印四个流程。

缮证是指填写房屋所有权证、房屋共有权保持证和房屋他项权证。这些权证是由国家统一印制的，具有法律效力，要求由市、区、县分别统一编号。缮证时，按要求填写，注意在权证附记中应该记载的不能漏填。

配图是指将实地复核后测制的房屋平面图用胶水贴在房屋所有权证规定的贴图位置上。附图有两类：一类是按房屋产权范围的大小晒制或复印而成的房屋平面图，反映房屋的位置关系、墙界、结构、层数、坐落等；一类是房屋分户平面图。附图不论哪种规格，都一式两份，一份贴在房屋所有权证上，一份存档。

缮证配图完毕后，应由专人负责核对。核对做到无错、无漏，保证房屋所有权证、房屋共有权保持证项目与房地产所有权登记申请书上的一致。

产权证经校对无误后，按房屋产权性质划分的权证分类和权证编号顺序，分别登记在各种发证记录簿上。登记复核后，加盖填发机关公章，将已盖章生效的房屋所有权证、房屋共有权保持证逐一核对清点，连同登记文件整理后，移送发证人员。

7. 发证

发证是房屋所有权登记发证工作的最后程序。权证制作完毕后，即可填写领证通知单，通知房屋产权人按指定时间、地点，携带登记收件收据、居民身份证（或户口簿）等到房屋登记机关领证。

二、房屋立档建籍

（一）档案的收集和整理

1. 档案收集

房地产档案收集是指综合档案室对房地产部门及个人手中分散的房地产文件材料进行归档和接收。房地产档案收集，工作是房地产档案管理工作的起点，要搞好档案收集工作，首先要建立、健全归档制度。归档制度包括归档范围、归档时间、确定立卷部门三方面的内容。

归档范围包括在房地产管理活动中形成的综合性文件材料；房地产管理业务活动中形成的具有查考价值的各种图件；在房地产管理中形成的野外调查、测量或清丈的记录、计算数据和成果检查、验收、技术鉴定材料，以及权属调查、登记、统计、土地遥感动态监测等的各种表、册、簿、卡、台账、协议书、原由书、仲裁书等。不需归档的房地产文件材料包括无查考价值的临时性、事务性材料；未经签发的文件草稿、一般性文件的历次修改稿（技术规程、法规性文件除外）、铅印文件的历次校对稿；机关内部互相抄送的文件材料，如用地部门印发的文件抄送房地产部门等。

归档时间要根据房地产文件材料形成过程的特点来确定。本着便于集中统一管理，维护房地产档案的完整和安全，便于档案利用等要求，归档时间可分为随时归档和定期归档。凡是房地产管理部门在工作中直接形成的、涉及变更登记的文件材料，应随时归档；定期归档时间一般指项目告一段落或全部完成后进行归档或另行规定的时间归档。

房地产文件材料一般应由房地产部门立卷，因为房地产部门业务人员熟悉专业技术活动，了解文件的来龙去脉，由房地产部门立卷归档，能够保证文件材料的齐全、完整，也便于文件材料的整理编目。但在基层房地产管理部门人员紧缺的情况下，也可由档案管理部门协助房地产部门业务人员立卷，归档后的房地产档案应由档案室集中统一管理，不得分散保管。

2. 档案整理

房地产档案整理就是把处于零乱状态的和需要进一步条理化的房地产文件材料进行分类、组合、排列和编目，使之系统化、条理化的过程。房地产档案整理的主要内容包括档案的分类、立卷、案卷的排列和案卷目录的编制等。一般情况下，房地产文件材料由房地产管理部门按照归档制度进行组卷，并按规定时间交给档案室保存。档案室的档案整理工作主要对接收的房地产档案在一定范围内进行进一步的系统整理，包括档案的排列上架、编制检索工具等。

（二）档案的鉴定和统计

档案的鉴定包括鉴定档案的真伪和鉴定档案的价值两方面的工作。其中，鉴定档案价值总原则是以反映房地产管理职能活动为出发点，以分析房地产文件材料的内容为中心，结合考虑房地产文件材料的完整程度、数量等因素。一般认为，凡是内容重要、有较大的查考、利用价值和起凭证作用的房地产档案才具有保存价值。房地产档案的保管期限分为永久保存、长期保存（16～50年）和短期保存（15年以内）三种。对认为毫无保存价值或保存期满、已失去继续保存价值的房地产文件材料可以剔除并销毁，但必须填写销毁清册，经主管领导批准，在销毁清册上签字。

房地产档案统计是以表册、数字的形式反映房地产档案及房地产档案工作的有关情况。建立和健全房地产档案统计制度可以更好地了解与掌握房地产档案和房地产档案工作情况，研究它们的规律性，以便对房地产档案实行科学管理。房地产档案统计工作主要包括对房地产档案的收进、管理、利用等情况进行登记和统计两部分。登记是对房地产档案的收进、移出、整理、鉴定和保管的数量和状况的记录，房地产档案的登记通常采用卷内文件目录、案卷目录、收进登记簿和总登记簿、利用者登记卡、借阅与借出登记簿以及房地产档案利用效果的登记表等形式。统计亦称基本统计，其主要形式有统计年报。填写统计年报的数量要以原始记录为依据，并要求做到准确、可靠，并按规定定期报送主管部门和同级档案部门。

（三）档案的保管和利用

房地产档案的保管是指根据房地产档案的特点、内容采取的存放和安全防护的措施。建立房地产档案的主要目的是为了长期利用，为房地产管理各项事业服务。

房地产档案保管工作的主要内容有：①库存建设与管理。根据房地产档案储藏量大、使用频繁的特点，有条件的单位可设专库保管，库房要求具有良好的卫生环境和保持适当的温度、湿度；要有防盗、防火、防晒、防尘、防有害生物和防污染等安全措施；要定期进行库藏档案的清理核对工作，做到账物相符。分库管理的，库房要统一编号；档案架（柜）的排放要整齐，便于档案的搬运、取放和利用，并符合通风和安全的技术要求。②保护档案的专门技术措施。为了延长房地产档案的使用寿命，对破损或载体变质的档案应及时修补和复制，一般档案要采用卷皮、卷盒等材料重新装订，胶片、照片、磁带等要采用专用装具存放。房地产图件除修改、送晒外，一般不得外借。修改后的各种底图入库时，要认真检查其修改、补充的情况。修改、补充已归档的图纸必须做到：修改、补充图纸要有审批手续；修改内容较少时，可直接采用在图面修改处标注"修改标记"；修改内容较多时，应另绘新图，原图存档，作为原始资料保存。

三、房屋变更归档与统算

（一）变更归档

由于房屋产权产籍资料总是动态变化的，房屋产权产籍管理也是动态管理的，因此，必须随时进行变更资料的归档整理。

（二）产籍统算

1. 统算对象

产籍统算对象有两类资料：一是正式办理过产权登记的文件资料，一是因种种原因未经登记的房地产资料。后者虽未经产权人填写，但作为产权登记部门外勤人员实地勘测勘察得来的原始记录，同样具有较高的可信度，是产籍统算的重要内容。两类资料都是统算对象，缺少任何一个部分都会影响统算成果的完整性和系统性。

2. 统算方法

（1）计算机统算法与手工统算法

二者的区别是统算手段不同，计算机统算法需要经过程序设计后使用，快捷方便，但遇到临时的统算项目，需要花费一定的时间修改程序；人工统算法直接由人支配，灵活性较大，但相较计算机而言，人工统算耗时耗力。实践中，两种方法常常相互结合，相互补充。

（2）会计法和统计法

会计法从原因和结果两方面记录、计算和整理数值，方便分析原因和结果，记录变更情况的簿册常采用会计法统算。统计法是从总量上表现客观运动的规模、水平、速度和数量比例关系，借以显示客观运动的性质、趋势和规律信息，指导未来发展。常见的统计法有统计分组法、统计分析法和综合指标法等。

（3）摘录法和卡片法

摘录法和卡片法是两种典型的手工汇总法。其中，摘录法是将需要统计的项目设计成统计表的形式，然后在房屋卡片和土地卡片上逐一摘录，最后进行统算，其关键是设计统计表。卡片法是在统算前将统计对象各个项目及数据简化在一张硬质纸片上，统算时，将具有同质项目的卡片抽出，再依一定项目分组排序，然后分别统算加签，最后下签汇总。

3. 上报和咨询

统算结果要提供使用，一是上报，二是向其他行政部门提供咨询。其中，上报一是向本部门的领导和领导机构及由领导或领导机构向上逐级转报；二是作为社会统计部门的统计资料上报到各级统计部门，并由国家统计局汇入国民经济综合资料。咨询主要是由房屋行政主管部门提供资料，供检查、公安、司法等单位参考使用。索要资料单位必须签发公函，并由单位领导批示同意，所提供资料要加盖公章。索要单位在收件后提供收据，收据留底并件入档。

四、房地产产权产籍管理信息系统

（一）系统结构

根据我国房地产管理及计算机技术的发展趋势，将网络化、集成化、实用化作为系统开发的基础，考虑到房地产产权产籍资料的现势性、准确性与完整性，该管理信息系统应易于进行数据的修改、查询与输出，因此，在开发该系统时，应注重以下几点：①以建立完整的房地产产权产籍资料处理模式为前提，而不是单独处理某一类资料。②软件运行环境的限制要少，增加实用性。③要求系统存储的信息便于更新、查询，能及时提供现势性好的信息。④处理好图形与属性数据的连接问题，实现它们之间的双向检索。⑤对信息进行统计与分析，为有关部门提供决策的科学依据。

（二）系统功能

1. 数据采集功能

房地产产权产籍信息数据分为三类：一类是空间几何数据，指与房地产有关的各种图形；一类是属性数据，指记录空间数据的分类、权属、利用状况、价值等属性；还有一类是管理数据，指管理过程中生成的数据。空间几何数据采集是系统数据采集的主要功能，它要求具有多种采集的方式和对空间数据采集精度的要求，数据采集的方式有：①手扶跟踪数字化。系统应提供通用数字化仪接口，可与各种型号的数字化仪连接，数字化仪与鼠标能同时操作，系统要有灵活的图板菜单，数字化仪游标功能任意组合，图纸自动定向，数字化时，结点自动匹配，使用方便灵活。②图纸扫描数字化。系统能提供自动矢量化、交互式线跟踪、数字识别，以及常规的点、线、圆弧和文字的各种图形输入手段；能够同时管理多个图层，为各层分别定义属性数据库，采集属性数据；系统提供带拓扑特征和属性约束的图形编辑功能，灵活实现图形代码的符号化和制图输出；系统能满足任意比例尺地籍图或房地产平面图的扫描数字化。扫描数字化要考虑扫描仪的分辨率和精度，同时，要考虑栅格数据到矢量数据转换过程中对数据处理的精度和速度。③测量仪器及外部数据文件接口。提供与全站仪和测距经纬仪地面测量系统、GPS系统等的接口，可以接收不同来源的多种栅格和矢量数据。④键盘输入矢量数据（坐标值），如界址点信息，这里要求系统对输入的界址点信息（坐标值、点号等）具有自动生成房地产平面图和图形连接功能。

2. 图形处理功能

在输入图形数据时或输入后，需要对图形进行显示、查询、编辑、修改、管理等工作，使建立的图形库能满足管理需要，所以系统应具有如下基本的图形处理功能。图形处理具体包括图形窗口显示、地图整饰与符号设计、图形编辑、图形空间拓扑关系、属性数据编辑和计算功能等。

3. 制图功能

专题制图的内容多种多样，基本类型有自然地图、人文地图及其他特殊用途的地图。系统提供多种常用的专题图表示方法，有分级统计图法、分区统计图表法、质底法、范围法和独立图表法。其中对分区统计图表法选取了常用的柱状符号类、饼状符号类、趋势图形类、等值图形类等来实现。每种符号又有多种式样的具体符号可供选择，以简明、突出而又完备的形式再现繁杂的统计数据，使统计区某个或某几个现象的分布或状态一目了然。

房地产信息提供的图形种类较多，这需要在图形输出前，根据用户需要对图廓进行整饰，计算机制图是对已整饰好的图通过计算机外部设备来输出，由于输出设备的类别（笔式、喷墨、激光等）和型号不同，因此，系统的制图部分应有与相应输出设备的接口软件，采用这些软件绘图时，需要设置绘图仪的种类、绘图比例尺、确定绘图原点和图幅大小等。房地产产权产籍管理信息系统的制图功能应能为用户提供矢量图、栅格图、全要素图和各种专题图。

4. 属性数据的管理功能

属性数据是用来描述对象特征性质的，如一个宗地除了记录界址点坐标、面积、内部建筑物坐标、面积外，还要记录它的权属信息、地类信息、价格信息以及它的历史变化信息。对于属性数据一般都采用表格表示。由于房地产属性信息量大，数据比较规范，在信息系统中，应该采用关系型数据库管理系统（RDBMS）来管理。关系型数据库管理系统已提供一套很强的数据编辑和数据库查询语言，系统设计人员还可利用 SQL 语言建立友好的用户界面。属性数据管理功能：一是提供用户定义各类地物的属性数据结构和用户自定义数据结构功能；二是提供结构修改、拷贝结构、删除结构、合并结构等功能；三是利用 SQL 语言提供多种灵活的数据库查询；四是提供数据计算统计和统计分析功能。

5. 空间查询功能

一个好的房地产产权产籍管理信息系统应提供丰富的查询功能，具体包括：①根据属性查图形。即根据某一地物类中某项属性值查找几何对象。② SQL 查询。即根据 SQL 语句查询满足特定条件的一组目标对象。③从属性表直接查询目标对象。在属性表上点击一条记录，就可将该记录对应的目标图形显示出来。④根据图形查属性。在查询图形的同时，将查到的目标所对应的属性信息显示在屏幕上，并可在显示属性表中对其进行编辑。⑤空间关系查询。包括多种选择查询，如点选择、矩形选择、圆选择和多边形选择；多种拓扑关系查询，如包含查询、落入查询、穿越查询和邻近查询；多种缓冲区查询，如点缓冲区查询、线缓冲区查询和面缓冲区查询等。

第五章 不动产开发利用管理

第一节 不动产开发利用管理概述

一、不动产开发利用的概念

不动产开发利用包括土地开发利用和房地产开发利用两个方面。其中，土地开发利用是指人类以土地为劳动对象，对土地进行投入和改造，利用土地特性满足自身需要的过程。房地产开发利用是指人类根据自身发展要求对土地及其地上建筑物等进行建设、改造、利用等生产建设活动的过程。土地开发利用和房地产开发利用不同，土地并非一定投入非农生产，而房地产开发利用与地上建设开发活动密切相关。从木质上讲，房地产开发利用属于土地开发利用的内容，是深度土地开发利用，但由于房地产开发利用以形成房屋不动产为重要特征，其过程对于城市社会经济发展产生重大影响，因而房地产开发利用管理常被列为不动产开发利用管理的重要内容进行单独研究。

二、不动产开发利用的内容

从人类历史看，原始社会初期，人类尚无开发利用土地的能力，人类社会处于渔猎阶段，主要依靠大自然的恩赐生存，进入农牧时期，人类能够进行简单的土地开发活动，随着生产技术的不断进步，人类开始大规模的土地垦殖，土地开发利用的深度和广度都有明显提高，进入现代文明社会，随着土地资源的日益紧缺和可持续发展观念的传播，要求与自然和谐发展和保护土地的呼声高涨，人类进入土地的开发利用和整治保护相结合的发展阶段。从人类开发利用土地的方式看，土地开发利用可分为两种类型，一是以土地为直接生产资料和劳动对象，生产生物品和矿物质等的开发利用，其特点是充分利用土地的养育功能；二是以土地为活动场所和建筑基地，其特点是充分利用土地的空间承载功能。因此，影响土地开发利用的因素也可分为自然因素和经济社会因素两个方面，自然因素包括气候、地貌、水文、土壤、植被、矿藏、景观和位置等，经济社会因素包括经济、技术、区位、人口、制度、政策等。房地产开发利用作为土地的深度开发利用，其具体过程是：首先是在取得土地使用权基础上的"三通一平""五通一平"或"七通一平"的开发建设，形成所谓的"熟地"；其次再在"熟地"上建设住宅、厂房或其他工程项目，并配套相应的生活和生产服务设施；最后通过转让或出租等形式将开发的房地产投入使用。目前，我国的房地产开发利用多是房屋和土地的联合开发，在一定规模区域内，按"统一规划、合理布局、综合开发、配套建设"的原则进行土地、房屋及相关市政公用设施和生活服务设施的一体化综合开发利用。

第二节 土地开发利用管理

一、土地资源分类与评价

（一）土地资源分类

土地资源分类是指将自然界千差万别的土地按一定的标志划分为性质不同的土地类型，借以反映不同地段自然条件的差异，方便人们认识和合理开发利用土地，并对土地实行科学的管理。土地资源类型是一系列相互区别又各具特色的土地单元，作为地表某一地段，是气候、地貌、岩石、水文、植被和土壤等自然要素组合而成的自然历史综合体。

1. 土地资源分类的方法

不同的分类标志形成不同的土地分类，归纳起来有五种土地分类类型：一是按土地自然属性分类；二是按土地利用现状分类；三是按土地适宜农业利用程度分类；四是按土地利用可能性（潜力）分类；五是按某种特定目的的土地分类。其中，按土地自然属性进行土地分类，强调的是温度、降水、地质发育等自然因素的差别，分类成果反映在单项自然因素上有地形图、土壤图等，反映在多种自然因素上有土地类型图。按土地利用现状分类，强调土地再利用方式和土地等级上的差别，分类成果反映多种土地利用地域单元在地区上的组合及其表现，土地利用现状分类与土地自然属性分类相结合分析可以看出，土地利用方式和土地等级的差异并非偶然，它与土地的土壤、地形等自然因素密切相关。土地适宜农业利用程度的分类是按土地利用条件和耕作条件对土地的分类，具体可分为土类、亚类和土宜单元。土类是具有相同生产性能和利用限制因素的土地；亚类表示相同限制因素（气候、侵蚀、过湿、耕作层浅等）的土地；土宜单元表明相同的土地经营特性，同一单元的土地具有相同的生产潜力。土地利用可能性分类除考虑上述因素外，还要考虑企业规模、集约化水平、单位面积的收入和劳耗等因素，在此基础上确定不同地段的远景利用方式。土地特定目的的分类可根据特定目的选择分类标志，例如，热带地区根据橡胶适宜生长的条件划分土地类型等。

2. 我国科学院自然资源综合考察委员会的土地资源分类

土地分为类（区）、等、亚等、组和类型。其中，土地类是以气候的水热条件、年降水量、干燥度、无霜期为依据划分的土地分类中的最高单位，用以反映区域间生产力水平的差别，可进行全国范围的土地利用潜力对比。土地等与土地亚等反映的是土地适宜性和利用潜力的大小，是土地资源质量评价的核心部分。同一等内可以划分为七个土地适宜性和潜力等级。一等地对农业无限制或少限制，质量好，最适宜农业，同时也适宜林业和牧业利用；二等地对农业有一定限制，质量中等，一般适宜农业，也适宜林业和牧业利用；三等地对农业有较大限制，质量差，临界适宜或勉强适宜于农业利用；四等地对农业利用有很大限制，对林业或牧业无限制或少限制；五等地对农业、牧业利用有很大限制，一般情况下宜作林业利用；六等地对农业、林业利用有很大限制，一般情况下宜作牧业利用；七等地不宜于农林牧利用。在土地等之下可设土地亚等，用以表示宜农、宜林或宜牧的适宜程度。土地组是在土地等或亚等范围内，按其限制因素及相应改造措施划分的单位，初步拟定的十个限制因素是土壤酸碱度、土壤盐碱化及改良条件、水文与排水条件、硬盘层、有效土层、土壤质地、地形坡度、土壤侵蚀、水分、温度，此外，还有无限制因素。

（二）土地评价

1. 土地评价的分类

根据土地评价目的、对象、方法和手段的不同，土地适宜性评价是指对土地为农作物、牧草、林木正常生长提供的生态环境条件的综合评价，可分为现有条件下的当前适宜性和经过改良以后的潜在适宜性。土地按适宜某种用途的程度可分为高度适宜、中度适宜、临界适宜和不适宜。土地生产力评价是对土地在某种规定用途下可能达到的生产力水平的鉴定。土地生产能力是土地的基本特征，土地生产力评价也可分为当前生产力评价和潜在生产力评价。土地生产力评价依据的是土地产品的数量和质量，实践中由于缺乏农作物长期或多年产量等资料，加上影响农作物产量的因素很多，因此，评价往往是在通过试验取得必要数据的基础上，建立土地自然特性指标与土地单位面积产量之间的经验公式（多元回归方程），然后将其应用到相同类型的土地质量评价中。土地经济评价是对土地在某种特定用途条件下可能取得的经济效益的综合鉴定，评价依据的是土地上获得的收益与相应投入之间的对比关系。

2. 土地评价的原则和程序

（1）土地评价遵循的原则

一是相对性原则。不同地区土地的自然和经济属性各不相同，但在同一地区土地评价中，一般将本地区最好的土地定为一等地，最差的土地定为末等地。这样处理尽管可以通过评价反映出同一地区不同等级的土地差异，但不同地区的土地差异则难以得到体现，因为处于同一等级的不同地区的土地可能在质量上存在很大差别。

二是限制性原则。无论是土地质量差异还是适宜性的差异，归根到底都是土地构成要素及其组合上存在限制性的结果。在限制因素中，实际可能只有一两个因素起主导作用，它们严重制约着土地潜力的发挥。因此，土地评价不仅要确定土地等级，还要找出主导限制因素，明确改良方向。

三是综合性原则。土地生产力的高低受到多种因素的影响，因而土地评价要全面和综合分析土地的各个因子性质及其相互关系。在综合分析的基础上，突出主导因素，找出那些对土地生产力产生较大制约并在地区分布上有较大差异的土地因子，如土壤养分、结构、水分等。

（2）土地评价的程序

土地评价是针对某一用途的土地质量的评价，实质是处理土地质量与土地用途的关系。土地评价中，最重要的两类评价是土地适宜性评价和土地经济评价。土地经济评价的程序包括四个方面：首先是准备工作。主要是原始资料的收集整理，包括室内工作和实地调查两个内容。室内工作收集和整理评价地区已有的资料，如土壤、气候、地形等自然条件方面的资料和土地投入产出等社会经济方面的资料。实地调查是对收集的资料进行实地对照验证，鉴定其可靠程度，进行必要的修正和补测工作。其次是土地评价区划。选取反映土地质量的经济指标进行评价，尽可能排除人为因素的影响。通过区划，最终保证基本评价单元内气候、地形、水文等自然条件和土地利用集约化水平的差异得到消除，余下的是具有不同质量的土地。再次是土地自然质量评价。土地自然质量评价是后续各项评价工作的基础，其评价对象是土地自然肥力的影响因素，具体为土地资源基本单元，如质量一致的土地类型和土地利用地域综合体或完整的地域、行政和经济综合体内的各类各级土地的组合。最后是土地经济评价。这一阶段要运用经济指标对土地质量进行评定，为此需要计算土地经济评价的各项指标，制定评价积分表，对一定地域综合体总体评价。

二、土地利用规划

（一）土地利用规划的任务和分类

土地利用规划的目标是实现土地资源的综合效益最佳，同时保障土地的持续利用。因此，土地利用规划的基本任务包括：一是分析土地利用问题。在查清土地利用现状的基础上，分析后备土地资源的开发潜力，进行土地供求预测，评价土地适宜性和限制性，估算土地人口承载量，明确土地利用规划需要解决的主要问题。二是明确土地利用目标和基本方针。土地利用目标有战略目标和具体目标之分，前者是总体性、长期性和指导性的，如用地方式、资源开发类型、用地结构和布局等；后者是可操作性强和可预测的，如粮食保证率、森林覆盖率等。三是拟定土地利用控制指标。土地资源是重要的稀缺资源，要解决发展与保护的矛盾，就必须进行合理的规划控制，控制指标要求是具有强制性、可操作性和可达性的指标，如基本农田保护面积、耕地保有量、建设占用耕地面积、土地开发整理补充耕地数量等。四是调整土地利用结构和布局。土地利用规划要预测规划期末各业用地的总量和结构，并在空间上进行落实，编制规划图。五是制定规划实施政策和措施。规划实施是规划的关键，规划必须制定必要的政策和有效的措施，确保规划的落实。

第五章 不动产开发利用管理

（二）土地利用规划编制的程序

1. 准备工作阶段

准备工作阶段包括成立规划领导小组和规划办公室，拟订规划工作方案和工作计划，并报同级人民政府批准，同时落实规划经费和人员的业务培训。其中，规划任务书和规划、工作计划是规划编制的两项重要内容。规划任务书要求明确规划的范围、期限、指导思想、目的、参与的部门、领导机构、工作班子、方法和技术路线；规划工作计划要详细列出所需收集的各种信息资料及来源，明确每一步骤的具体任务和方法、物资设备供应、费用预算、人员分工，并确定时间进度表，制定必要的规章制度等。

2. 资料收集和调查阶段

资料收集的内容有周边地域背景资料、人口资料、土地供需资料、专业调查资料、建设和规划资料、社会经济统计资料、自然条件资料以及各种图件资料。

3. 专题调查和研究阶段

专题调查和研究内容包括区域背景发展态势分析、土地利用现状分析、土地适宜性评价、城镇化水平分析、土地供求量预测、土地利用问题、规划目标和战略确定等。

4. 总体规划编制阶段

在资料收集与专题调查研究的基础上，拟定用地指标，编制供选方案，确定用地分区和主要用地项目的布局，编绘总体规划图，编写总体规划报告。其中，编制规划供选方案和土地利用分区是总体规划编制阶段的重点内容。规划供选方案的编制应用综合平衡法、土地适宜性分析法和线性规划法等确定规划用地指标，编制土地利用结构平衡表，不同规划供选方案要进行适用性分析，并广泛征求公众意见。土地利用分区是根据土地利用现状适宜性评价、土地利用情况动态调查和各部门用地需求等，划分城镇建设区、农业区、林业区、牧业区、特种用地区等，并对每一分区的土地利用规划和限制条件加以规定。

5. 专项规划和详细规划编制阶段

编制专项规划和详细规划的主要类型有农用地规划、建设用地规划、未利用地开发规划、土地整理规划、土地整治规划和土地保护规划等。

三、土地利用计划

（一）土地利用计划的含义和分类

土地利用计划是一项长期的战略性规划，必须经过中期和年度土地利用计划加以具体落实，使长远规划与近期管理协调一致。土地利用计划，尤其是土地利用年度计划是实施土地利用规划的重要手段。土地利用年度计划根据国民经济和社会发展计划、国家产业政策、土地利用总体规划以及建设用地和土地利用的实际状况编制。土地利用年度计划的编制审批程序与土地利用总体规划的编制审批程序相同，一经审批下达，必须严格执行。

土地利用计划按期限不同可分为长期计划、中期计划和年度计划；按调控程度不同分为指令性计划和指导性计划，前者规定强制性的计划指标，如基本农田保护面积、耕地保有量等，后者规定具有一定幅度的指导性计划指标，如地均固定资产投资等；按分级管理系列不同可分为国家计划和地方计划，后者是前者的具体化，按行政级别又分为省、市和县三级。

（二）土地利用计划编制的原则和内容

土地利用年度计划编制应遵循五项原则：一是严格依据土地利用总体规划控制建设用地总量，保护耕地；二是以土地供应引导需求，合理、有效地利用土地；三是优先保证国家、重点建设项目和基础设施项目用地；四是占用耕地与补充耕地相平衡；五是保护和改善生态环境，保障土地的可持续利用。

土地利用年度计划的内容包括：①农用地（含耕地）转用计划指标，具体有耕地、林地、牧草地、农田水利用地、养殖水面等转为建设用地的计划指标；②耕地保有量计划指标，具体有基本农田保有量和一般耕地保有量等计划指标；③土地开发整理计划指标，具体有未利用地开发计划指标、废弃地复垦计划指标、土地整理计划指标和已利用土地再开发计划指标等。

（三）土地利用年度计划的编制程序

1.提出下一年度土地利用年度计划建议

土地利用年度计划建议由县级以上地方人民政府土地行政主管部门会同有关部门提出，建议要符合国土资源部的统一部署和控制指标，适应本行政区域土地利用总体规划、国民经济和社会发展计划及土地利用的实际情况，同时要经同级人民政府审查后，报上一级人民政府土地行政主管部门。

国务院批准的建设项目和国务院有关部门批准的道路、管线工程及大型基础设施建设项目等使用土地，涉及农用地转用的，由国务院有关部门以建设项目为单位，按照国土资源部管理和地方土地行政主管部门管理两类提出下一年度的土地利用年度计划建议。计划建议在报国土资源部的同时，应当抄送项目拟使用土地所在地的省、自治区、直辖市土地行政主管部门。

2. 编制下一年度土地利用年度计划

国土资源部会同国务院有关部门，根据国民经济和社会发展计划、国家产业政策、全国土地利用总体规划及建设用地和土地利用的实际情况，在各地和国务院有关部门提出的土地利用年度计划建议的基础上综合平衡，编制土地利用年度计划。土地利用年度计划应当分别列出全国和省、自治区、直辖市，以及由国务院批准的土地利用总体规划的城市和新疆生产建设兵团的各项计划指标。

3. 土地利用年度计划的报批

报国务院批准的土地利用年度计划应当于上一年度的12月10日前报国务院批准。

四、土地用途管制

（一）土地用途管制的目标和重点

土地是宝贵而稀缺的资源，是人类生存与发展的基础，合理利用和保护土地就是保护人类的生命线。因此，土地用途管制的最终目的就是通过土地用途变更的管理和限制，实现土地的合理利用和持续利用。

土地具有多宜性特点，但并非所有土地用途都具有多宜性，尤其是土地由农用建设转为非农建设后，其再还原成农用的可能性极小，成本巨大，基本上是得不偿失的。因此，土地用途管制的重点就是严格控制农用地转为建设用地，尤其是要对农地中质量最好的耕地进行特殊保护。土地用途管制的重点就是要守住耕地红线不动摇，平衡好发展与保护的关系，对农用地尤其是耕地数量进行有效控制，确保土地持续利用和社会经济的可持续发展。

（二）土地用途管制的主要内容

1. 农用地用途管制

农用地是指直接用于农业生产的土地，包括耕地、林地、草地、农田水利用地、养殖水面等。农用地用途管制的内容：任何单位和个人都要严格按照土地利用规划确定的农用地用途使用土地，农用地内部地类的变更也必须符合土地利用规划，并要经过依法批准。

（1）农用地内部用途变更

农用地转为非农建设用地已经受到严格控制，但农用地内部地类的变更却未受到足够重视，尤其是耕地转为其他农用地地类的现象较为普遍，正成为耕地数量减少和质量下降的重要原因。因此，在农用地内部地类变更中，要注意：一是要控制基本农田保护区内的耕地转为其他农用地地类。耕地是土地的精华，耕地转为园地、林地、草地、鱼塘等用地成本低，操作容易，增加效益明显，容易受到忽视，同时耕地转为其他的农用地地类也是耕地变相转为建设用地的中转站，是管理的盲点，必须重视和控制。二是要严禁陡坡地开荒。土地坡度在25°以上时，已经不适宜作为耕地使用，就必须严禁开垦为耕地，以发展林牧业为主，避免水土流失。三是限制和禁止围湖造田。湖泊是生态系统的重要组成，具有重要的蓄洪灌溉和水产养殖功能，尤其是低于常年水位的地区，不仅不能随意填湖，还应该积极地退田还湖，因地制宜地扩大水域面积。四是滥垦草场。滥垦草场会造成草原生态环境的恶化，引起土地沙化，破坏草原的生产能力。因此，要严禁在干旱、半干旱地区大面积连片开垦草原。

（2）农用地转为非农建设用地

在限制农用地转为非农建设用地、控制建设用地总量规模方面，首先，最重要的就是实施农用地转用的审批制度，凡涉及农用地转用的建设项目，必须办理农用地转用审批手续，否则不能立项建设。关于农用地转用的审批权限，国家法律有明确的规定。一般情况下，省、自治区、直辖市人民政府批准的道路、管线工程和大型基础设施建设项目、国务院批准的建设项目占用土地，涉及农用地转为建设用地的，由国务院批准。在土地利用总体规划确定的城市和村庄、集镇建设用地规模范围内，为实施该规划而将农用地转为建设用地的，按土地利用年度计划分批次由原批准土地利用总体规划的机关批准。在已批准的农用地转用范围内，具体建设项目用地可以由市、县人民政府批准。上述规定以外的建设项目占用土地，涉及农用地转为建设用地的，由省、自治区、直辖市人民政府批准。

其次，建设用地占用农用地中涉及征地的，征地也由原来的分级限额审批变为国务院和省、自治区、直辖市人民政府两级审批。征地审批权的上收能够有效避免因征地权过于分散而导致的大规模农地转为建设用地的现象。县级以上人民政府只有征地的执行权，国家征用土地在依照法定程序批准后，由县级以上地方人民政府予以公告，并组织实施。

2. 建设用地用途管制

①在建设项目可行性研究论证时，建设单位应向建设项目批准机关的同级土地行政主管部门提出建设用地预申请，并由受理预申请的土地行政主管部门依据土地利用总体规划和国家土地供应政策，对建设项目的有关事项进行预审，出具建设项目预审报告。

②建设单位向土地所在地的市、县人民政府土地行政主管部门提出正式用地申请，填写《建设用地申请表》，附具的相关材料分别是建设单位有关的资质证明；项目可行性研究报告批复或者其他有关批准文件；土地行政主管部门出具的建设项目用地预审报告；初步设计或者其他有关批准文件；建设项目总平面布置图；占用耕地的必须提出补充耕地方案；建设项目位于地质灾害易发区的，应提供地质灾害危险性评估报告。

③市、县人民政府土地行政主管部门对材料齐全、符合条件的建设用地申请应当受理，并在收到申请之日起30日内拟订农用地转用方案、补充耕地方案、征用土地方案和供地方案，编制建设项目用地呈报说明书，经同级人民政府审核同意后，报上一级土地行政主管部门审查。

④有关土地行政主管部门收到上报的建设项目呈报说明书和有关方案后，对材料齐全、符合条件的，应在5日内报经同级人民政府审核。审核同意后，逐级上报有批准权的人民政府，并将审查所需的材料及时送该级土地行政主管部门审查。

3. 未利用地用途管制

未利用地是指农用地和建设用地以外尚未或难以被人类利用的土地，如荒草地、沼泽地、盐碱地、裸岩石砾地等。作为重要的土地利用后备资源，未利用地用途管制的内容一方面是提倡对未利用地的合理开发利用，例如，在符合生态环境保护要求的前提下，国家积极鼓励"四荒地"的开发；另一方面是禁止不符合土地利用规划的未利用地开发，避免破坏土地生态环境，对于现有技术条件下不能进行开垦的，要维持未利用地现状，禁止不切实际的毁林开荒等行为。

五、土地开发整理

（一）土地开发整理的任务

第一，增加耕地面积，提高土地利用率。即在挖掘现有土地利用潜力的前提下，通过土地整理的多种方法和手段来增加有效耕地面积，以弥补建设对耕地的占用，促进耕地总量动态平衡目标的实现。这一目标也是现阶段土地整理的主要目标。

第二，调整土地关系，使土地关系适应土地生产力提高的要求。按照社会生产力发展的要求，对土地利用中产生的人与地及人与人的关系予以调整和适度组织重配，使人们更有序和更合理地对土地进行开发、利用和保护。

第三，扩大综合生产能力，提高土地产出率。即通过土地利用方式、强度的调整，改善土地生产、生态条件，保持和提高土地再生产的能力，以持续获得人们生产和生活需要的产品。现阶段就是提高以土地产出率为基础的土地生产能力。

第四，提高全社会的现代化水平。土地整理是按照现代化的生产要求进行的一种资源再配置过程，反过来，其又可以为现代化建设提供广阔的土地资源空间。我国的实践已经证明，无论是农地整理还是市地整理，都能为现代化建设创造条件，都是现代化建设必不可少的内容。

第五，实现土地资源的景观功能。从可持续发展的角度来看，土地整理不仅仅从经济效益上考虑，还要从社会效益、生态效益上考虑。景观功能是物质文明和精神文明的必然要求，其社会效益和生态效益明显。

（二）土地开发整理的内容

1. 农地整理的内容

农田整治。如兴建或改造沟渠和田间道路，建立或健全节水、节地并高效的排灌系统；建立农田防护林带；清除耕地中的坟头；填平农田中的废坑塘以及平整土地等。

农地改造。它以提高耕地质量为主要目的。如改造中低产田及盐碱地、提高土壤肥力、坡地改为梯田等。

地块调整。重点是把细碎、零散的地块集中起来（山区除外），便于规模化经营和机械化作业。

土地结构调整。主要是开发利用滩涂、水域、荒草地等，以替换占用良田的园田、鱼池、牧草地，从而保持和增加耕地面积。

宜农荒地的开发。通过对未利用土地的适宜性评价，确定宜农地的分布与数量，然后有序地进行开发复垦。

农村建设用地整理。它包括村庄的治理，如治理"空心村"，充分利用村内空闲地与空宅，缩并零散的小村落到中心村或集镇，增设公共、公益设施等；也包括乡镇企业用地的整理，如关、停污染的工矿企业，对效益不高、长期扭亏无望的企业实行转产或技术改造，把零散分布并占用耕地或宜农的企业迁入统一规划划定的工业园区，缩小乡镇企业用地规模等。还包括工矿废弃地、废砖窑的复垦还田等。另外，还有水利、交通工程建设中压废地的土地整理。

2. 市地重划的内容

对城镇而言，土地整理主要是立足于内部挖潜，集约利用土地，充分利用建成区内的闲散地，并对已被利用的土地结合产业结构调整和提高城市功能的需要，在用途、布局与产出率方面重新进行优化配置，从而全面提高城市载体功能，并改善城市环境。另外，交通、工矿用地整理也是市地重划的重要方面。

（三）土地开发整理的原则

1. 经济原则

充分、合理、经济地利用土地资源，把利用、改良和保护土地结合起来。土地是农业生产基本的生产资料，通过土地整理挖掘土地潜力，把一切土地都吸收到生产过程中来，安排好每块土地的经济用途，把用地和养地结合起来，改良低产土地，不断提高土地肥力和土地利用率。具体整理是应正确处理好农业用地与基本建设用地的关系，基本建设用地要不占或少占农田，对此应严加控制。要注意改造利用为基本建设工程压废或挖废的土地，并把工程施工和平地造田紧密结合起来，应正确处理好农、林、牧、副、渔各业用地的关系和各种作物之间的关系，以保证全面发展农业。

2. 系统原则

综合运用有关经济科学和自然科学的新理论、新技术和新方法，解决土地利用中的系统性问题，保证内、外部经济性，为采取先进的农业科学技术、实现农业现代化创造良好的土地组织条件。一切先进农业科学技术和现代化农机具都是在一定土地范围内得到应用。为了不断提高现代化农机具的利用率，以获得最大的经济效果，要求与之适应的土地组织条件。具体整理时，要根据生产发展的需要进行必要的农业基本建设。施工前，都需要进行合理规划，绘制建设蓝图。具体整理时，必须应用系统的观点，顾及到农业现代化生产的要求。应有利于采用先进科学技术和社会主义新农村的建设，有利于现代化农业生产的组织管理，不断提高劳动生产率和土地利用率。

3. 远近结合的原则

整理必须注意维持生态系统平衡，要处理近期效益和远景效益、经济效益和生态效益之间的辩证关系，把当前生产与远景规划密切配合，并为有计划地实现远景土地整理规划创造条件。土地整理规划属远景规划范畴，在一定年限内具有指导作用。在整理过程中，应本着"着眼长远、立足当前、全面组织、分期实施"的精神，正确处理好当前生产与远景发展之间的关系，力争达到当年规划、当年实施、当年受益、当年增产的要求。在整理过程中，还必须克服片面强调"正规化"而忽视现行农村经济政策和当前农业生产的错误倾向，坚决反对搞花架子，避免形式主义。既要注意克服只顾眼前，不管长远打算，也要纠正只看将来，片面强调远景规划，忽视当前生产的倾向。

4. 因地制宜的原则

必须紧密结合当地的自然经济条件，在确定各业用地时，既要考虑到生产发展的需要，又要考虑到土地资源的特性，宜农则农、宜牧则牧、宜林则林，做到地尽其利，人尽其力，同时，消除土地利用上不合理的现象。土地整理具有鲜明的地域性，不同地区由于自然经济条件不一样，发展农业生产存在的主要问题也不同，整理的主攻方向便不一样。因此，不同地区的土地整理有着不同的重点、内容和方法，如平原低洼地区土地整理和丘陵山区土地整理、灌溉地区和旱作地区的土地整理等。在同一个乡或农场范围内，自然经济条件亦存在着一定的差异，所以严格地讲，不同乡或农场也具有不同的整理项目和方法。就是同一项整理由于各地区的情况存在差异，整理方法亦不尽一样，不同地区生产存在的主要问题不同，整理的主攻方向各异，整理的重点项目也就不同。例如，机耕地区应重点整理田块，调整渠系，集中居民点，修建道路，安排作物连片种植等；新灌区重点整理灌排渠系；丘陵山区重点安排农、林、牧、副、渔用地，坡地改梯田，防止水土流失，植树造林，绿化荒山；盐碱土地区则应以改良利用盐碱土为规划重点；平原低洼地区重点则是防洪涝，降低地下水位等。总之，进行土地整理必须坚持实践第一的观点，深入调查研究，坚决贯彻因地制宜的原则，反对"一刀切"，千篇一律和脱离实际的错误做法。正确合理地解决主观与客观之间的矛盾，只有这样，才能充分发挥土地整理促进农业生产发展的积极作用。

（四）土地开发整理运作

1. 土地开发整理规划运作

土地开发整理作为长期性战略任务，应该编制土地开发整理专项规划。与土地利用总体规划一致，土地开发整理专项规划分为五个级别。其中，国家级规划管理应当规定土地整理的方针、政策和法规。全国土地利用总体规划纲要也应提出土地整理的政策等要求。对土地利用内部挖潜、土地整理提出指导性意见。省级规划管理要依据国家的要求，应进一步细化国家政策、法规等。省级土地利用总体规划纲要也要因地制宜，提出制定土地利用挖潜、土地整理的目标；确定土地整理的指导性指标、技术规范及开展土地整理的重点区域等。地（市）级规划管理按照上级要求，应制定土地整理的实施办法和保障措施，组织协调跨区域土地整理规划设计等。地（市）级土地利用总体规划要根据省级土地利用总体规划纲要的要求，落实土地整理重点区域，并在分析本地土地整理潜力的基础上，确定土地整理区域，并分解下达土地整理指标等。县（市）、乡（镇）级规划管理要按上级要求落实资金、技术、组织等具体措施。县（市）、乡（镇）级土地利用总体规划按照土地用途分区、基本农田保护等的要求，确定土地整理区范围，对田、水、路、林、村等提出综合整治的具体要求。有条件的地方应坚持零散居民点向中心村、小城镇集中；村办、乡镇企业向工业园区集中，小块耕地向连片集中。同时，县、乡（镇）级应按照土地利用总体规划的要求，特别应按照县、乡（镇）级土地利用总体规划的要求进行土地整理专项规划设计，其中包括农村居民点、道路、水利、工业园区、农地等规划工程设计、土地整理、配置方案以及土地整理资金预算方案等，为土地整理提供依据。

2. 土地开发整理项目运作

选择土地整理单元。包括收集有关土地利用的自然、社会、经济情况，分析研究土地整理的潜力，准备土地整理的资金和技术条件，确定土地整理的目标和要求。经与初选区域有关单位、个人充分协调，取得理解和支持后，选定开展土地整理的单元，并予以公告。

进行土地整理规划方案设计。根据选定单元土地利用规划的原则要求，编制土地整理规划设计，并经广泛征求土地整理参与者的意见，修改完善规划和设计后，申请批准。

批准土地整理方案。依据制定的法律或政策性规定，通过一定的法律程序审查土地整理规划设计，经批准的，向社会公告后才准许其实施。

组织土地整理实施。按照批准的土地整理规划和设计，在区域范围内动员人力、物力、财力开展土地整理活动。土地整理实施通过调查和测量确定权属，进行工程建设，经过土地评估并重新配置后，最终经登记发证的法律手段确认整理成果。

检查验收。在完成土地整理任务、达到预定目标后，开展地籍更新、资料汇总和归档等工作，形成报告，经法律规定的程序审查验收。

六、土地利用动态监测

（一）实地调查

实地调查是由土地行政主管部门派遣工作人员到被调查现场通过直接量测、采访等，获得有关土地利用状况及动态变化资料的一种方法。实地调查，按调查范围的不同，又可分为全面调查和非全面调查两种。全面调查是对被调查对象范围内的全部土地都进行调查。非全面调查是对调查对象范围内的部分土地进行调查，按调查的目的不同，又分为抽样调查、重点调查和典型调查。抽样调查是在所调查的总体中有目的地抽取部分单位，组成样本，用样本的参数去估计总体参数的一种非全面调查。抽样调查的目的是为了用调查的资料来推断总体。重点调查是在所调查的总体中选择一部分重点单位进行调查的一种非全面调查。重点调查的目的是了解研究被调查对象的基本情况。典型调查是在对被调查对象进行具体分析的基础上，从中选择出若干符合调查目的的代表性单位进行调查的一种非全面调查。典型调查的目的在于寻求同类事物的共同规律。

（二）统计报表调查

统计报表调查是由国家或上级主管部门颁发统一的表格，由各级土地行政主管部门根据原始记录，按照规定的时间和程序自下而上提供统计资料的一种调查方法。根据对报送资料的急需程度和报送周期的长短，统计报表可分为月报、季报、半年报和年报。按报送方式的区别，统计报表又分为邮寄报表和电信报表两种。将报表提供的历年土地统计资料进行横向、纵向对比分析，就可掌握土地资源的数量、质量、利用状况、变化趋势和存在的问题等，因而，统计报表调查也是土地利用监测的重要方法之一。

（三）遥感监测

1.遥感监测技术的优势

遥感信息是地表各种地物要素的真实反映，能清晰地显示各种土地利用类型的特征与分布。高分辨的遥感图像还能正确显示出农业内部结构调整信息，这样不仅可以减少外业调查的工作量，同时还可以精确地量算出各种土地利用的面积，保证面积的准确性。遥感图像的多光谱及多时相特性为土地利用动态监测的定性、定量分析提供了丰富的信息，在原有土地详查图件和数据的基础上，将获取的遥感图像和原有的同区位土地利用空间信息进行叠加分析，不仅可以保证监测精度，而且可以提高工作效率，缩短工作周期。因此，与传统的地籍调查方法相比，遥感监测技术有较多优势：

（1）保证精度

遥感技术可在较大范围内准确地监测各类土地利用变化数据。

（2）经济实用

可在大尺度空间条件下，利用遥感技术数据几何分辨率高的特点，对土地变化数据进行采集，与传统的地籍调查方法相比，更加经济和实用。

（3）效率更高

利用遥感监测数据在复核地籍变更调查数据准确度的同时，还可以有针对性地指导和辅助变更调查工作，节省了外业查找变化地块的时间，提高了工作效率，保证了调查结果的可靠性。

（4）直观实时

卫星遥感监测技术为配合土地执法检查、强化国土资源执法监察、贯彻"预防为主、防范和查处相结合"的国土资源执法监察新思路提供了强有力的科技支撑，为国土资源规划、管理、保护的快速决策提供了技术保障。

但就土地利用动态监测来讲，还有不少问题。首先，数据预处理在实际工作中达不到要求，其有效算法和技术影响了动态监测成果的精度；其次，由于变化监测算法的差异性，所有变化监测算法的能力受空间、光谱、时域和专业内容的限制，所采用的方法在一定程度上影响了变化监测的精度。甚至对于同一环境，由于采用的方法不同，所产生的结果也会不同。同时，土地利用动态变化遥感监测的方法很多，各方法都有其优缺点。因此，选择合适的土地利用变化监测方法也显得尤为重要。总之，今后还需对土地利用动态变化遥感监测的技术和方法进行深入研究，以建立起我国宏观土地利用动态遥感监测体系，为我国国土资源管理提供技术支持。

2. 我国土地利用遥感动态监测

（1）监测重点是耕地变化和建设用地扩展

我国耕地减少的主要去向是非农建设占地和农业内部结构调整，农业结构调整占用耕地，有可逆性特点，耕地尚能恢复，而被非农建设占用，耕地就难恢复，所以监测非农建设用地扩展是重点。

监测成果的多样性。为适应各级土地管理机构的需求，通过土地利用监测定期提供全国和各省、地、县的土地利用现状资料，包括面积数据和反映土地利用空间分布的图面资料。同时，除开展按固定调查项目连续监测外，还需做固定项目的专题调查。例如，对建设用地占而未用，耕地撂荒、开发、复垦和灾害毁地等专题项目的实时调查。

（2）监测体系的层次性

为保证监测任务的完成，各级土地管理部门都应有相应的监测机构，各级机构互为关联，形成体系，体系设置包括国家、省、地、县若干层次，各层次组成有机的整体，既要保证监测成果的统一性和可比性，又能开展本辖区的监测业务，提供本地区的监测成果。在体系中，拟分两个基本层次，一层是国家和省级的，重点提供全国和全省的土地利用宏观数字；另一层是县、乡级的，提供本辖区的土地利用资料。两个基本层次的监测指标、技术手段和精度要求上可有区别，在监测指标和数据传输上下层面上应能接口。

（3）技术要求的区域性

我国地域广阔，不同的问题，特别是人类生存环境是当今世界关注的一个焦点，也是卫星遥感技术的热点，土地资源和利用状况的监测是环境监测的组成部分。遥感技术在土地管理业务工作中的应用，由于各国各地区的社会制度、自然条件、发展水平和管理体制上的差异，需求不尽相同。

（4）技术手段的综合性

根据我国土地利用监测信息的需要，就无须利用遥感资料。但是，很多国家都有相关的任务和要求，在技术手段上宜采用卫星遥感、抽样调查和地面调查相结合的方法，发挥各自的航空、遥感优势，求得总体功能上满足各项需要。

3. 主要方法及其应用

（1）目视解译法

该方法是以土地利用现状调查资料为基础，确定各地类的解译标志，在遥感图像上画出各地类界线，得到遥感分类图，再比较各时相的遥感分类图。目视解译法最大的优点是方便灵活，解译者在解译过程中能够充分利用影像解译标志和其他辅助信息（地貌、地形等）识别地物。但解译者的经验和专业知识（包括对所研究地理区域的熟悉程度）以及影像本身的差异或限制，都会导致解译结果不一样。因此在目视解译之前，要注意收集监测区域的土地基本信息、作物生长特性和地物的光谱特征等信息，以便辅助判读解译正确进行，提高监测精度。

（2）计算机动态信息提取、自动分类方法

目前，最常用的方法是多元统计识别分类法。其主要优点是处理速度快，并且可重复性强。其中，最大似然法有着严密的理论基础，对于呈正态分布的数据具有很好的统计特性，而且判别函数易于建立。

（3）目视解译与计算机图像处理相结合的方法

通过这种方法所得到的监测精度将会大于仅采用某种方式进行信息提取所得到的监测精度。在确定和勾画变化边界时，将计算机自动选取变化区域和人工勾画边界的方法结合起来，这样既能提高工作效率，又能提高监测精度。

总的来说，我国土地利用遥感监测研究采用的方法多种多样，如上所提到的三种方法，其中目视解译监测研究一直占有重要地位。在研究内容上，主要针对城镇扩展和耕地变化，尤其是城乡接合部的变化情况。

（四）专项定点监测

为了详细而准确地掌握土地质量的变化情况，常采用仪器对土地质量的某个项目进行定点监测，如土壤肥力监测、水土流失监测、土地沙化监测、土地污染监测等。通过仪器监测取得科学数据，以便采取对策，改善土地利用状况。

第三节 房地产开发利用管理

一、房地产开发利用管理概述

房地产开发利用是根据城市规划和社会经济发展要求，对土地及其地上建筑物进行建造、改造、利用等生产建设活动的全过程。房地产业作为国民经济的支柱产业，合理进行房地产开发利用管理显得至关重要。房地产开发利用具有周期长、消耗多、投资大和涉及范围广而复杂等特点，从纵向看，开发利用过程包括可行性研究、前期工程、组织施工、竣工验收和经营管理五个阶段；从横向看，各阶段又与财政、金融、市政、公安、环卫、文教等多个业务部门发生紧密联系，需要彼此协调，密切配合。因此，房地产开发利用要综合考虑各方面的因素，统筹安排各个工作环节，争取获得最大的经济、生态和社会效益。房地产开发利用管理是依法对房地产开发利用全过程的管理，具体包括房地产开发机构资质管理、房地产开发计划管理、质量、资金和成本管理以及住宅小区管理等内容。

二、房地产开发机构资质管理

（一）房地产开发机构设立的条件

第一，必须是具有法人资格的经济实体，能够独立承担法律责任。

第二，必须有健全的管理机构和合法的法人代表，并配有与经营的内容、方式、规模相适应的专业经营、技术和财务人员。

第三，必须拥有与经营规模、内容相适应的自有资金。

房地产开发企业的注册资本应在100万元以上，而且流动资金不得低于100万元。而对于股份有限公司的形态的开发企业要求更高，最低限额为1000万元人民币；申请股票上市的房地产开发股份有限公司的股本总额不得低于5000万元人民币。

第四，必须建立符合财政和银行规定的财务管理制度。

第五，必须有固定办公地点和合法的经营方式与手段。

第六，必须具备满足资质标准的其他各项要求所规定的条件。

（二）房地产开发机构的资质等级

1. 一级资质的条件

注册资本不低于5000万元；从事房地产开发经营5年以上；近3年房屋建筑面积累计竣工30万 m^2 以上，或者累计完成与此相当的房地产开发投资额；连续5年建筑工程质量合格率达100%；上一年房屋建筑施工面积15万 m^2 以上，或者完成与此相当的房地产开发投资额；有职称的建筑、结构、财务、房地产及有关经济类的专业管理人员不少于40人，其中具有中级以上职称的管理人员不少于20人，持有资格证书的专职会计人员不少于4人；工程技术、财务、统计等业务负责人具有相应专业中级以上职称；具有完善的质量保证体系，商品住宅销售中实行了《住宅质量保证书》和《住宅使用说明书》制度；未发生过重大工程质量事故。

2. 二级资质的条件

注册资本不低于2000万元；从事房地产开发经营3年以上；近3年房屋建筑面积累计竣工15万 m^2 以上，或者累计完成与此相当的房地产开发投资额；连续3年建筑工程质量合格率达100%；上一年房屋建筑施工面积10万 m^2 以上，或者完成与此相当的房地产开发投资额；有职称的建筑、结构、财务、房地产及有关经济类的专业管理人员不少于20人，其中具有中级以上职称的管理人员不少于10人，持有资格证书的专职会计人员不少于3人；工程技术、财务、统计等业务负责人具有相应专业中级以上职称；具有完善的质量保证体系，商品住宅销售中实行了《住宅质量保证书》和《住宅使用说明书》制度；未发生过重大工程质量事故。

3. 三级资质的条件

注册资本不低于800万元；从事房地产开发经营2年以上；房屋建筑面积累计竣工5万 m^2 以上，或者累计完成与此相当的房地产开发投资额；连续2年建筑工程质量合格率达100%；有职称的建筑、结构、财务、房地产及有关经济类的专业管理人员不少于10人，其中具有中级以上职称的管理人员不少于5人，持有资格证书的专职会计人员不少于2人；工程技术、财务等业务负责人具有相应专业中级以上职称，统计等其他业务负责人具有相应专业初级以上职称；具有完善的质量保证体系，商品住宅销售中实行了

《住宅质量保证书》和《住宅使用说明书》制度；未发生过重大工程质量事故。

4. 四级资质的条件

注册资本不低于 100 万元；从事房地产开发经营 1 年以上；已竣工的建筑工程质量合格率达 100%；有职称的建筑、结构、财务、房地产及有关经济类的专业管理人员不少于 5 人，持有资格证书的专职会计人员不少于 2 人；工程技术负责人具有相应专业中级以上职称，财务负责人具有相应专业初级以上职称，配有专业统计人员；商品住宅销售中实行《住宅质量保证书》和《住宅使用说明书》制度；未发生过重大工程质量事故。

（三）新设房地产开发机构的备案

新设立的房地产开发企业应当自领取营业执照之日起 30 日内到房地产开发主管部门备案，备案需要提供的材料有营业执照复印件、企业章程、验资证明、企业法定代表人的身份证明、专业技术人员的资格证书和劳动合同、房地产开发主管部门认为需要出示的其他文件。房地产开发主管部门应当在收到备案申请后 30 日内向符合条件的企业核发《暂定资质证书》。《暂定资质证书》有效期 1 年。房地产开发主管部门可以视企业经营情况延长《暂定资质证书》有效期，但延长期限不得超过 2 年。自领取《暂定资质证书》之日起 1 年内无开发项目的，《暂定资质证书》有效期不得延长。房地产开发企业应当在《暂定资质证书》有效期满前 1 个月内向房地产开发主管部门申请核定资质等级。房地产开发主管部门应当根据其开发经营业绩核定相应的资质等级。

（四）房地产开发机构的资质年检

申请核定资质等级的企业应提供的材料有企业资质等级申报表；房地产开发企业资质证书（正、副本）；企业资产负债表和验资报告；企业法定代表人和经济、技术、财务负责人的职称证件；已开发经营项目的有关证明材料；房地产开发项目手册及《住宅质量保证书》《住宅使用说明书》执行情况报告；其他有关文件、证明。房地产开发企业的资质实行年检制度。对于不符合原定资质条件或者有不良经营行为的企业，由原资质审批部门予以降级或者注销资质证书。一级资质房地产开发企业的资质年检由国务院建设行政主管部门或者其委托的机构负责。二级资质及二级资质以下房地产开发企业的资质年检由省、自治区、直辖市人民政府建设行政主管部门制定办法。

房地产开发企业无正当理由不参加资质年检的，视为年检不合格，由原资质审批部门注销资质证书。房地产开发主管部门应当将房地产开发企业资质年检结果向社会公布。

三、房地产开发建设计划管理

（一）房地产开发建设计划分类

1. 开发建设长期计划

开发建设长期计划又称长期规划，是房地产开发建设行业的战略性和方向性规划。由于期限较长，不确定性因素较多，长期规划只能是轮廓性和粗略的远景设想。

房地产开发建设的国家长远规划由国家计委负责编制，并随同国民经济计划与社会发展规划一起由国务院提请全国人民代表大会审查批准后下达。国家编制的长远规划主要是对全国范围房地产开发建设实行宏观调控，在国民经济和社会发展规划各个五年规划中对国土开发、城市建设和改造、城市房地产开发及住房建设规模提出总的要求和指明方向。各地区以及各开发建设单位应根据国家制定的长远规划，结合本地区和本单位实际情况编制出自己的长期规划。

2. 开发建设中期计划

中期计划是长期计划的具体化。由于期限相对较短，不确定性因素较少，能见度高，对相关因素变动及其影响能够比较准确地把握。特别是房地产开发建设中，一般开发项目需要经过建设前期的调查论证等一系列准备工作，项目建设周期常常跨越年度，与中期计划的期限较为接近，能避免年度计划时间短和走一年看一年的缺陷，保证开发建设的连续性和稳定性。各地区开发建设的中长期计划应根据本地区城市建设总体规划、国民经济和社会发展计划，由市委、市建委组织编制，并报市人民政府批准后实施。

3. 开发建设年度计划

年度计划属短期计划，由市开发办依据市计委下达的年度综合开发计划总规模组织编制，由市计委、市建委批准下达执行。年度计划以中期计划为依据，充分考虑市场供求状况及当年固定资产投资规模情况，以一年为期编制实施。作为短期计划，既是中长期计划的具体实施和执行，也是中长期计划的微观调整，其内容要比中长期规划更加具体细致。

(二)房地产开发建设计划的基本内容

第一,房地产开发建设的战略目标。计划中应根据国民经济和社会发展的总目标,实现城市规划的总要求,完成城市综合开发建设的总任务,制定房地产开发行业的规模和结构,实现人才培训等战略目标和分期目标。

第二,开发建设的投资量、工程量、项目、布局和质量要求等规划指标。

第三,科学管理和技术进步的要求、手段和措施。

第四,人才引进、人才合理结构和培养提高的计划和措施。

第五,与房地产市场的衔接。

第六,房地产开发计划的管理体制、政策和立法规划。

(三)房地产开发建设计划指标体系

1. 计划投资额

一定计划期内,以货币形式表现的应该完成的开发建设全部工作量是反映计划期内的开发建设规模、速度的综合性指标。

2. 开发量

用数字形式反映的开发建设总量,包括建筑地块开发面积和房屋建筑面积指标,是反映固定资产投资开发建设规模的重要指标。

3. 施工面积、开工面积和复工面积

这是从实物形态上反映建设规模、进度和建设成果的指标。

4. 竣工面积

这是按照设计要求全部完工经验收鉴定合格后,达到竣工验收标准,正式移交使用单位使用的各栋房屋建筑面积之和,是以实物量反映房屋开发建设成果的指标。

5. 工程质量指标

以开发工程项目或开发房屋建筑面积计算的开发建设工程质量,如竣工工程合格率、优质品率。

6. 土地开发面积

经过"七通一平"等开发,可以进行房屋、建筑物建设或出售的土地面积。

7. 商品房建设投资额

用货币表示的一定时期开发建设共出售使用的商品住宅、厂房、仓库、饭店、度假村、写字楼、办公楼等房屋工程及其配套服务设施的全部工作量。

（四）房地产开发建设计划管理过程

1. 计划的编制

编制房地产开发建设计划是非常细致和组织协调性较强的综合平衡工作。计划编制过程中要严格遵循实事求是和量力而行的原则。首先，要进行调查研究，掌握大量的历史和现状资料，具体包括本地区房地产开发建设队伍的基本情况、历年开发建设规模和发展历史资料、城市基础设施和公共设施现状、拟建项目和配套能力、设计施工、建筑材料和房屋设备情况、国家有关房地产开发建设的法律、政策和规章等。其次，要根据房地产开发建设与其他许多行业和部门的密切关系，广泛听取社会各界的意见和建议，与相关部门主动配合，做好组织协调工作。最后，在计划编制过程中，要掌握好四个方面的平衡：一是开发量与基地的平衡。无论是新区开发还是旧区改造，开发建造的房屋及配套设施与建筑地块都要保持平衡。二是开发量与社会需求的平衡。开发建设的规模、标准、套型、设备和装修等要服从国家中长期计划和城市总体规划，要与社会各方面的需求相吻合。三是开发量与资金的平衡。开发建设资金在筹集、投入、回收过程中要与开发量、施工进度和营销额之间取得平衡，保证资金流量的通畅和开发工程的正常运转。四是开发量与开发能力的平衡。在设计力量、施工力量和管理力量以及材料设备方面形成的总和开发能力要略大于开发总量，留有余地，才能保证各项开发任务保质保量的完成。

2. 计划的实施

计划的实施应掌握好三个环节：一是计划的执行和检查。为切实实现开发建设计划，要制订计划实施的具体措施，保证计划的执行和完成。另外，要在计划执行全过程中同步进行检查，运用统计手段将计划执行的进度、执行中发生的问题及时反馈给有关部门。二是质量监督和进度控制相结合。房地产开发建设属于不动产的建设，质量优劣直接影响国民经济的发展，关系人民生命财产安全，同时，开发建设速度和计划完成进度还会影响相关行业和部门的建设和发展，因此执行计划时，质量和进度二者不可偏废。三是计划的调整。计划编制和通过审查后，一般应该认真执行，不得随意修改。但在计划执行过程中，再好的计划也不可能顾及到主客观条件变化的方方面面，有时可能需要进行计划内容的调整。但是调整过程中要遵循两条原则，即尽量少调整，同时要按规定程序进行，且需要按规定权限获得审批，并注意与其他相关计划的协调。

（五）房地产开发建设项目计划管理

1. 项目可行性研究

运用工程学和经济学原理，从技术、经济、社会、法律和环境等方面对开发建设项目进行详细的调查研究，对方案反复进行比较分析，进行技术经济论证。明确拟建项目在技术上是否先进、适用、可靠，经济上是否合理，能否盈利，并做出最终项目建设的可能性和可行性判断。项目可行性研究报告由房地产开发单位的行政主管部门审查，并报各级计委审批。

2. 设计任务书编审

设计任务书是工程建设的大纲，是确定建设项目和拟建设方案的基本文件，也是编制设计文件的主要依据。设计任务书按投资限额分别由房地产开发公司的行政主管部门或各级计委审批，各级计委在审批设计任务书时，应邀请房地产主管部门、财政和物资等部门共同会审。

3. 年度建设计划的编审

（1）年度预备项目计划

项目涉及任务书，经批准后，项目即列入年度预备计划。预备项目计划可由各级计委会同房地产主管部门初审，汇编后报计委审批下达，作为编制正式年度计划的依据。编制预备项目计划要审查项目设计任务书是否按规定审批，是否违反房地产开发经营政策等。

（2）年度正式项目计划

省、自治区和直辖市计委会同房地产主管部门向国家计委上报年度房地产开发建设计划，国家计委下达计划指标额度后，地方计委负责编制年度正式项目计划。经批准列入上半年预备项目计划，且建设前期工作全部完成，已具备施工条件的项目可列入正式计划。地方计委在编制年度正式项目计划时，邀请房地产主管部门和建设银行会审，正式项目计划由计委报同级人民代表大会审议批准后下达。

（六）建设项目计划执行的监督

建设项目计划经过批准实施后，房地产主管部门要加强建设项目计划执行情况的统计监督，将统计报表反映出的实际情况与计划进行对照和比较，监督指导承担开发项目的房地产开发企业，保证项目按计划进度、计划材料消耗和工程成本完成。

四、质量、资金和成本管理

（一）质量监督管理

1. 制定统一的质量标准

无论是各类房屋的建设，还是小区的开发建设，除各有不同的功能和质量要求外，都必须建筑安全、适用、美观、管网道路通畅、设施配套齐全、环境质量好。房地产主管部门要根据房地产开发建设的共性制定统一的行业质量标准，如房屋质量验收标准、小区质量验收标准等，并监督贯彻和执行。

2. 实施房地产工程项目招投标，把住质量监督管理关

通过项目招投标，可以选择信誉较好的、在质量和进度上有保证的企业承包，招投标是质量保证的重要环节。没有经过招投标的项目，规划部门将不予发放建筑执照，房地产主管部门也不能安排开工项目。招投标的建设项目竣工后，必须向房地产主管部门提交工程竣工质量评定验收证明文件，并进行总登记，领取房屋销售许可证。

3. 实行工程建设质量监督制度

凡房地产开发建设工程除应由建设行政主管部门等授权的城市或专业质量监督机构实施质量监督以外，房地产主管部门应统一规划和组织，实行以抽查为主要方式的质量监督检查制度，质量抽查结果应当公布，以督促和推动整个质量管理工作。

4. 实行建设工程按质论价

质量达到优良等级标准的工程可实行优质优价，质量达不到国家或行业标准或达不到合同约定的相应质量等级的，要扣除一定幅度的承包价。

（二）资金管理

1. 审查房地产开发公司的资质

房地产开发公司申请资质审查时，要提交银行出具的公司自有资金资信证明，必须具有与其资质等级一致的自有资金数额，并要验明确定已经入账。同时要查明资金来源，验资确证后，方可办理资质审批手续。

2. 审查公司年度计划

配合计划部门编审年度计划时，要会同银行查清公司年度拟建项目的

落实情况，其中公司自有资金不低于年度投资量的30%，如果发现自有资金不足，要适当调低计划。

3. 预售房屋管理

预售房屋要向房地产主管部门报送预售房屋的核备表，其中需填明预售房价和预收房价款计划。在房屋建成销售前，预售房屋不得超过全部建设工作量的70%，发现有不按照规定要求收款的，不予批准销售。

4. 统计监督

统计房地产开发建设进度时，应按资金来源分别统计建设资金的使用情况。

（三）成本管理

1. 要合理确定房地产开发建设成本的构成要素

房地产开发建设的成本构成要素有土地使用费、前期开发费、勘察设计费、建筑安装工程费、小区内基础设施建设费、开发公司管理费及利润、贷款利息、税费、城市基础设施的配套费等内容。

2. 要严格确定房地产开发建设成本的取费标准

费用标准的制定涉及开发建设施工和设计等多个部门，房地产开发建设主管部门一方面要监督房地产开发公司，要求其严格执行国家和地方政府批准的各部门制定的各项费用标准，另一方面要加强调查研究，积累资料，分析各项费用标准的合理性，及时发现问题，并提出费用标准修改建议。

3. 要加强建设项目的成本审核

在开发建设规模小和项目数量少的地区，可以实行房地产开发建设项目建设成本按项申报审批制度。开发建设规模大、建设项目数量多的地区，可由房地产主管部门会同建设银行、审计部门和物价部门等按项目类型确定建设成本限额，规定开发公司的建设项目在限额范围内进行，并要求在房屋销售前填表报送房地产主管部门核查备案。房地产主管部门有监督审理权，凡未经核备的项目不允许进行房地产总登记，不允许销售，擅自销售不得发放产权证。

五、房屋拆迁管理

（一）房屋拆迁法规和管理体制

随着经济的飞速发展，城市建设加快，房屋拆迁和旧城改造成为城市建设的重点。为规范房屋拆迁行为，国务院年颁布《城市房屋拆迁管理条例》，随后，建设部也颁布《城市房屋拆迁单位管理规定》，并颁布施行《房屋拆迁许可证》的通知。目前，各地相继出台房屋拆迁实施细则、实施办法和相关文件。

按照法律规定，全国的城市房屋拆迁工作由建设部主管；各省、自治区建委（建设厅）主管本行政区域内城市房屋拆迁工作。各城市的房屋拆迁主管部门是城市人民政府设立的房屋拆迁管理办公室或是由城市人民政府授权的部门。城市房屋拆迁主管部门的主要职责是制定、宣传、贯彻城市房屋拆迁法规和有关政策；受理拆迁申请，办理审查、批准，核发《房屋拆迁许可证》，发布拆迁公告；根据城市建设需要，组织统一拆迁；处理拆迁纠纷；对拆迁单位进行资格审查；对城市房屋拆迁工作进行指导和监督。

（二）房屋拆迁的工作程序

1. 提出拆迁申请

拆迁单位应向被拆除房屋所在地县级以上人民政府房屋拆迁主管部门提出拆迁申请书，同时提交与建设项目有关的批准文件、拆迁计划以及拆迁补偿安置方案。与建设项目有关的批准文件包括经行政主管部门批准的建设项目立项批准文件、建设用地规划许可证、建设工程规划许可证等文件。拆迁计划和拆迁方案要确切地说明拆迁的范围、拆迁的对象、拆迁的实施步骤、安置的房源和临时安置的周转房情况以及拆迁的各项补偿费、补助费和拆迁期限安排等。

2. 房屋拆迁审批

拆迁主管部门收到拆迁申请和提交的批准文件后，应对申请内容认真审查，并深入现场进行实地调查，掌握批准文件是否齐全、有效，拆迁范围内的房屋是否有产权争议，是否有历史文物或不允许拆除的建筑物，对于拆迁补偿安置方案是否符合政策规定、拆迁期限是否合理和可行等。经审查批准的，发给拆迁申请人《房屋拆迁许可证》，同时向被拆迁人发出房屋拆迁公告，明确建设项目、拆迁范围、拆迁人、拆迁期限等，并有责任向被拆迁人做好有关政策的宣传解释工作。与此同时，还应与公安部门进行联系，冻结拆迁范围内的入户和分户，以防止不合理的增户，造成补偿、安置的困难。

3. 签订协议，实施拆迁

拆迁双方的权利义务是：拆迁人必须对被拆迁人进行补偿安置，被拆迁人必须执行批准的拆迁决定。拆迁双方在拆迁管理部门规定的拆迁期限内，就有关问题签订书面协议，明确权利义务，并可向公证机关办理公证。拆迁协议必须报送拆迁主管部门备案。拆迁人必须在《拆迁许可证》规定的拆迁范围和拆迁期限内实施拆迁，不准超越批准的拆迁范围和拆迁期限。

拆迁实施的方式有统一拆迁、委托拆迁和自行拆迁三种形式。

统一拆迁：是由政府拆迁管理部门统一组织，具有拆迁资格、并取得《房屋拆迁资格证书》的单位承担房屋拆除、被拆迁人补偿安置和其他相关的前期工作，这种方式适合于全面规划、综合开发项目和向外商出让土地的项目。但房屋拆迁主管部门不得接受拆迁委托。

委托拆迁：是由拆迁人委托具有房屋拆迁资格，并取得《房屋拆迁资格证书》的单位承担其拆迁工作。并由双方签订委托拆迁合同，经拆迁主管部门鉴证。

自行拆迁：是由掌握拆迁政策法规，具体拆迁技术的拆迁人实施本单位的拆迁工作。自行拆迁应到拆迁主管部门申请核准，未经核准的不准实施拆迁。

4. 城市房屋拆迁的补偿和安置

（1）城市房屋拆迁补偿

为保证被拆除房屋所有人的合法权益，拆迁人应当对被拆除房屋及其附属物的所有人进行补偿。补偿分为调换产权、作价补偿和二者结合三种形式，其中，调换产权是拆迁人以原地建房或场地建房给被拆迁房屋的所有人调换产权，产权调换面积按照被拆除房屋的建筑面积计算；作价补偿是拆迁人将被拆除房屋的价值以货币结算方式补偿被拆除房屋的所有人，补偿金额按照被拆除房屋建筑面积的重置价格结合成新因素计算。

（2）城市房屋拆迁安置

城市房屋拆迁安置的对象是被拆除房屋的使用人，而不是房屋的所有权人。只有在被拆除房屋的所有人自住的房屋时，拆迁补偿和安置才为同一对象。被拆迁房屋安置的对象是指在拆迁范围内具有正式户口的公民和机关、团体、企业、事业单位，并符合拆迁安置条件的。拆迁安置有一次性安置和过渡安置两种形式,其中,一次性安置是将被拆除房屋使用人直接迁入安置的房屋,没有周转过渡,一次安置完毕;过渡安置是拆迁人因工程建设不能一次安置被拆迁人条件下,通过临时安置,过渡一段时间再迁入安置的房屋。拆迁安置地点可以是原地,也可以是异地,安置面积按建筑面积或使用面积和居住面积计算。

第六章 不动产市场分析

第一节 不动产市场概述

一、市场、不动产市场的定义

要准确分析不动产市场现状,把握不动产市场未来发展趋势,首先要了解不动产市场的含义。

(一)市场的定义

市场起源于古时人类对于固定时段或地点进行交易的场所的称呼。最初,人们视市场为商品交换的场所,仅仅把市场看作有形市场。但是,随着经济的发展和社会的进步,市场也在不断地发展,特别是无形市场的诞生,使得商品交易已不再需要固定交易场所,交易甚至可以运用虚拟的网络来进行,例如现代金融市场、商品网络交易市场等。

既然无形市场不再有固定交易场所,关于市场是商品交易场所的定义自然显得狭窄,于是就有了狭义和广义的市场之分。狭义的市场是指商品交换的具体场所,广义的市场是指商品交换关系的总和。

(二)不动产市场的定义

不动产是一种特殊的商品,不可移动性是其与劳动力、资本以及其他类型商品的最大区别。虽然不动产不可移动,但可以被某个人或单位拥有,并且能给拥有者带来利益,因此产生了不动产买卖、租赁、抵押等交易行为。

基于市场的定义,同样,不动产市场也包括狭义和广义两种内涵。从狭义上讲,不动产市场是指以不动产作为交易对象进行交易的场所;从广义上讲,不动产市场是不动产这种特殊商品在流通过程中发生交换关系总和。

二、不动产市场的特征

（一）不动产交易实质上是不动产权属的交易

一般物品是动产，其物权的设立和转让是依照法律规定交付，而不动产物权设立、变更、转让和灭失是依照法律规定进行登记，因此不动产在交易中可以转移的不是其实物，而是其权属。不动产的权属变更是不动产市场流通的根本形式，其交易以一定的契据等法律文件为依据，权利的取得必须以法律为依据方为有效，并按不动产管理及其市场管理的需要进行变更登记，使其权属变更得到法律确认。

（二）不动产市场供给的异质性

不动产不像工厂生产出来的计算机、汽车等产品那样整齐划一，每宗不动产都有其独特之处，不存在两宗完全相同的不动产。即使不动产上的建筑物、树木等定着物或附着物可能一模一样，但由于其位置、地形、地势、周围环境和景观等的不同，这两宗不动产实质上也是不相同的。不动产市场客体的异质性，使得不动产市场上没有大量相同的不动产供给，加上不动产的不可移动性，使得不动产价格与不动产所处区位条件密切相关。

（三）不动产市场需求的广泛性和多样性

不动产是人类生存、享受、发展的基本物质条件，为人类的生产、生活提供物质平台，是一种基本需求，其市场的需求首先具有广泛性；与市场供给的非同质性相吻合，需求者购置不动产时通常有不同的目的和设想，因而需求具有多样性。

（四）不动产市场的高度垄断性

由于土地的有限性、不可再生性、位置固定性，以及不动产投资规模巨大，使不动产市场具有高度的垄断性，从而导致不动产市场供给主体间的竞争不充分；不动产产品的位置、环境、数量、档次的差异，使不动产市场供给具有非同质性；不动产开发周期较长，不动产商品的供给在短期内很难有较大的增减，使不动产市场供给缺乏弹性。

（五）不动产市场的地域性

不动产的不可移动性，决定了任何一宗不动产只能就地开发、利用或消费，并且要受制于其所在的空间环境（当地的制度政策、社会经济发展状况及相邻关系等）。由于人们无法把价格较低地区的不动产搬到价格较高的地区去，所以不动产市场不是一个全国性市场，而是一个地区性市场，不动产的供求状况、价格水平及价格走势等都是地区性的。

以上五个方面是不动产市场的主要特征，但对于某一国家或地区的不动产市场，还要受其社会经济环境的影响，尤其是受到社会体制的制约。如不同的社会体制形成了不同的土地所有制，我国的土地出让制度导致了我国不动产市场的一些独特性。

第二节 不动产市场调查

一、不动产市场调查

（一）市场调查、不动产市场调查的定义

1. 市场调查

市场调查，是指运用科学的方法，有目的、系统地收集、记录和整理有关市场信息资料，并就所获得的市场信息资料进行分析、评估和报告的过程。其目的是为了提高产品的销售决策质量、解决存在于产品销售中的问题或寻找机会等提供客观依据。

2. 不动产市场调查

不动产市场调查就是以不动产等不动产为特点的商品对象，对相关的市场信息进行系统的收集，整理，记录和分析，进而对不动产市场进行研究和预测，并最终为营销决策服务的专业方法。

（二）不动产市场调查的作用

在现代市场经济条件下，企业的运营环境是不断变化的，环境的变化既给企业带来了发展的机遇，也带来生存的威胁。不动产市场调查的重要性主要体现在以下两个方面：

第一，通过市场调查，使不动产开发企业对现有市场充分了解，对产品及营销策略进行评估，不断发现新的市场机会，解决面临的问题，规避市场风险。

第二，消费者的需求是不断变化的，通过及时的不动产市场调查，可以掌握消费者的意向和动态。

（三）不动产市场调查的原则

1. 准确性原则

资料的准确性与可靠性，是不动产市场调查的核心。因为只有掌握客观真实的情况，才能做出正确有效的决策。

2. 及时性原则

由于不动产市场状况如同其他商品市场一样是瞬息万变的，如不及时调查发现问题，并做出适当决策，就会坐失良机，导致企业失去市场，甚至使企业亏损或破产。

3. 计划性原则

不动产市场调查不仅是一项复杂而细致的工作，而且面广量大，所以在进行不动产市场调查时，必须要有周密的计划，围绕主题、分清主次、突出重点、统筹安排、严密组织。

4. 系统性原则

不动产市场调查所取得的信息资料要认真整理、合并分类，做到条理化、系统化和经常化，这样才能对市场情况做出正确全面的判断，克服片面性。

5. 针对性原则

不动产市场调查是为经营决策服务的，这就要求一定要从实际需要出发做好调查，并且确保有的放矢，有针对性地进行。

6. 经济效益合理性原则

即用最少的费用取得最佳的调查效果。因为调查的目的就是为了减少消耗，提高效益，避免经营的盲目性。

二、不动产市场调查的内容

（一）不动产市场环境调查

不动产企业的生存发展是以适应不动产市场环境为前提的，对不动产企业来说，市场环境大多是不可控制因素，不动产企业的生产与营销活动必须与之相协调和适应。

1. 政治法律环境调查

政治法律环境调查主要是了解对不动产市场起影响和制约作用的政治形势、国家对不动产行业管理的有关方针政策、有关法律法规，包括：①各级政府有关不动产开发经营的方针政策。如房改政策、开发区政策、不动产价格政策、不动产税收政策、不动产金融政策、土地定级及地价政策、人口政策和产业发展政策等；②各级政府有关国民经济社会发展计划、发展规划、土地利用规划、城市规划和区域规划等；③政府有关法律法规，如环境保护法、土地管理法、城市不动产管理法、广告法、反不正当竞争法等；④政府有关方针和政策，如产业政策、金融政策、税收政策、财政政策、物价政策、就业政策等；⑤政局的变化，包括国际和国内政治形势、政府的重大人事变动等。

2. 经济环境调查

经济环境调查主要是了解财政、金融、经济发展状况和趋势等因素，这些因素影响的是市场大气候。具体包括：①国家、地区或城市的经济特性，包括经济发展规模，趋势、速度和效益；②项目所在地区的经济结构、人口及其就业状况、就学条件、基础设施情况、地区内的重点开发区域、同类竞争物业的供给情况；③一般利率水平、获取贷款的可能性以及预期的通货膨胀率；④国民经济产业结构和主导产业；⑤居民收入水平、消费结构和消费水平；⑥物价水平及通货膨胀率；⑦项目所在地区的对外开放程度和国际经济合作的情况，对外贸易和外商投资的发展情况；⑧与特定不动产开发类型和开发地点相关因素的调查。

3. 社会文化环境调查

社会文化环境主要是居民的生活习惯、生活方式、消费观念、消费心理及对生活的态度、对人生的价值取向等。社会文化环境在很大程度上决定着人们的价值观念和购买行为，因此它影响着不动产消费者购买不动产产品的动机、种类、方式。文化环境调查的内容主要包括：①居民职业构成、教育程度、文化水平等；②家庭人口规模及构成；③居民家庭生活习惯、审美观念及价值取向等；④消费者民族与信仰、社会风俗等。

4. 社区环境调查

社区环境直接影响不动产产品的价格，这是不动产商品特有的属性。优良的社区环境，对发挥不动产商品的效能，提高其使用价值和经济效益具有重要作用。社区环境调查内容包括社区繁荣程度、购物条件、文化氛围、居民素质、交通和教育的便利、安全保障程度、卫生、空气和水源质量及景观等方面。

（二）不动产需求调查

1. 不动产消费者调查

不动产消费者调查，主要是调查不动产消费者的数量及其构成。主要包括：①消费者对某类不动产的总需求量及其饱和点，不动产市场需求发展趋势；②调查不动产现实与潜在消费者数量与结构，如地区、年龄、民族特征、性别、文化背景、职业、信仰等；③消费者的经济来源和经济收入水平；④消费者的实际支付能力；⑤消费者对不动产产品质量、价格、服务等方面的要求和意见等。

2. 不动产消费动机调查

不动产消费动机就是为满足一定的需要，而引起人们购买不动产产品的愿望和意念。不动产消费动机是激励不动产消费者产生消费行为的内在原因。主要包括消费者的购买意向，影响消费者购买动机的因素，消费者购买动机的类型等。

3. 不动产消费行为调查

不动产消费行为调查是不动产消费者在实际不动产消费者购买模式和习惯的调查，主要是调查：①消费者购买不动产商品的数量及种类；②消费者对房屋设计、价格、质量及位置的要求；③消费者对本企业不动产商品的信赖程度和印象；④不动产商品购买行为的主要决策者和影响者情况等。

（三）不动产市场供给调查

第一，行情调查。即整个地区，不动产市场现有产品的供给总量、供给变化趋势、市场占有率；不动产市场的销售状况与销售潜力；不动产市场产品的市场生命周期；不动产产品供给的充足程度、不动产企业的种类和数量、是否存在着市场空隙；有关同类产品价格水平的现状和趋势，最适合于客户接受的价格策略；新产品定价及价格变动幅度等。

第二，现有不动产租售客户和业主对不动产的环境、功能、格局和售后服务的意见及对某种不动产产品的接受程度。

第三，新技术、新产品、新工艺、新材料的出现及其在不动产产品上的应用情况。

第四，建筑设计及施工企业的有关情况。

(四)不动产市场营销活动调查

不动产市场营销活动是一系列活动的组合,包括不动产产品价格策略制定、促销、广告等活动。因此不动产市场营销活动调查应围绕这些营销组合要素展开。

1. 不动产市场竞争情况调查

市场竞争对于不动产企业主要包括竞争企业和竞争产品两方面内容。对竞争企业的调查主要包括:①竞争企业的数量、规模、实力状况;②竞争企业的生产能力、技术装备水平和社会信誉;③竞争企业所采用的市场营销策略以及新产品的开发情况;④对不动产企业未来市场竞争情况的分析、预测等。

对竞争产品的调查主要包括:①竞争产品的设计、结构、质量、服务状况;②竞争产品的市场定价及反应状况;③竞争产品的市场占有率;④消费者对竞争产品的态度和接受情况等。

2. 不动产价格调查

对不动产价格的调查的内容包括:①影响不动产价格变化的因素,特别是国家价格政策对不动产企业定价的影响;②不动产市场供求情况的变化趋势;③不动产商品价格需求弹性和供给弹性的大小;④开发商各种不同的价格策略和定价方法对不动产租售量的影响;⑤国际、国内相关不动产市场的价格;⑥开发个案所在城市及街区不动产市场价格。

3. 不动产促销调查

广告是促进不动产商品市场销售的一种重要手段,广告促销的效果是不动产企业所关注的一个问题。促销调查的主要内容包括:①不动产企业促销方式,广告媒介的比较、选择;②不动产广告的时空分布及广告效果测定;③不动产广告媒体使用情况的调查;③不动产商品广告计划和预算的拟定;⑤不动产广告代理公司的选择;⑥人员促销的配备状况;⑦各种营业推广活动的租售绩效。

4. 不动产营销渠道调查

主要包括:①不动产营销渠道的选择、控制与调整情况;②不动产市场营销方式的采用情况、发展趋势及其原因;③租售代理商的数量、素质及其租售代理的情况;④不动产租售客户对租售代理商的评价。

三、不动产市场调查的步骤

（一）制订调查计划

市场调查的第二个阶段是制订出有效的收集所需数据的计划。制订的调查计划一般要包括资料来源、调查方法、抽样设计三个方面。

1. 资料来源

确定调查计划中资料的来源是二手资料、一手资料，或是两者都有。二手资料是指其他特定的调查者按照原来的目的收集、整理的各种现成的资料，如年鉴、报告、文件、期刊、文集、数据库、报表等。而一手资料则是指为了当前特定目的而收集的原始信息，如原始文件、档案、信函、日记、回忆录、照片、文物古迹和其他实物等。市场调查人员开始时总是先收集二手资料，以判断问题是否能部分或全部解决了，是否不再需要去收集成本很高的一手资料。二手资料是调查的起点，其优点是成本低及可以立即适用。但由于种种原因，资料不够准确、不可靠、不完整或者已经过时，市场调查人员就需要时间和金钱去收集更切题和准确的一手资料。

2. 调查方法

收集一手资料常用的方法有以下三种。

第一，观察法，是指直接到调查现场进行观察的一种收集资料的方法，也可安装照相机、摄影机、录音机等进行收录和拍摄。这种方法不直接向被调查者提出问题，而是从旁观察并记录所发生的事实及被调查者的购买习惯和行为。例如调查人员亲自站柜台、参加展销会或到竞争对手店铺，观察并记录不动产产品的实际销售情况以及顾客的活动情况。

第二，询问法，是指以询问的方式作为收集资料的手段，将所要调查的事项，以当面、电话或书面的方式向被调查者提出询问，以获得所需要的资料。询问法主要包括个人访问法、小组访问法、电话访问法、邮寄访问法和网络访问法五种类型。①个人访问法是调查者面对面地向被调查者询问有关问题，可当场记录被调查者的回答的方法。调查者可根据事先拟定的访问表或调查提纲提问，也可采用自由交谈的方式进行。②小组访问法是通过集体座谈的方式了解被访问者的想法、收集信息资料的方法。通常同时邀请多人，在调查人员引导下，就一种产品、一项服务、一个组织或其他话题展开讨论，对于调查面广、较复杂的问题，使用这种方法效果较好。③电话访问法是根据抽样设计的要求，用电话向调查对象询问收集资料的一种方法。该方法的优点是资料收集快、成本相对低，而缺点是不易深入交谈和取得被调查者的合作。④邮寄访问法是将设计好的询问调查表、信函、订货单、征订单等通过邮寄寄给被调查者，请对方填好后寄回的方法。该方法是在被访者不愿面访或担心调查者会曲解其回答时可采取的最好方法，但邮寄调查回收率低、回收速度也慢。⑤网络询问法，是指调查人员可以根据调查问题的特点，选用通过电子邮件发送调查问卷或提纲，或将其直接上载到网络主页等方式，获取被调查者的反馈信息的方法。网络调研是随着互联网技术应用的普及而发展起来的获取信息的新方法，而且由于其成本低、反馈快等优点被越来越广泛地使用。

第三，问卷调查法，是通过设计调查问卷，让被调查者填写调查问卷的方式获得所调查对象信息的方法。该方法适用于描述性调查，目的是了解人们的认识、看法、喜好和满意度等，以便在总体上衡量这些量值。采用问卷调查法的关键是设计一套有效的调查问卷，将需要调查的问题简洁明了地向被调查者解释清楚，以便获得明确的答案。

3. 抽样设计

在设计抽样方案时，必须确定的问题是：①抽样单位，解决向什么人调查的问题。调查者必须定义抽样的总体目标，一旦确定了抽样单位，必须确定出抽样范围，使得目标总体中所有样本被抽中的机会是均等的或已知的。②样本规模，主要确定调查多少人的问题。大规模样本比小规模样本的结果更可靠，但是没有必要为了得到完全可靠的结果而调查整个或部分目标总体。如果抽样程序正确的话，不到1%的样本就能够提供比较准确的结果。③抽样程序，解决如何选择答卷人的问题。为了得到有代表性的样本，应该采用概率抽样的方法。概率抽样可以计算抽样误差的置信度。但由于概率抽样成本过高，时间过长，调查者可以采用非概率抽样。

（二）收集数据

收集数据是市场调查中成本最高，也最容易出错的阶段。例如在采用问卷调查时，可能会出现某些被调查者拒绝合作、某些人的回答或者某些问题上有偏见或不诚实等情况。另外，调查员的素质也会影响到调查结果的正确性，调查员以大学的市场学、心理学或社会学的学生最为理想，因为他们已受过调查技术与理论的训练,可降低调查误差。

(三)分析数据

该阶段的主要任务是从收集的数据中提炼出与调查目标相关的信息。资料分析应将分析结果编成统计表或统计图,方便读者了解分析结果,并帮助读者从统计资料中发现结果与确定的问题之间的关系。同时,分析资料还可运用相关分析、回归分析等一些统计技术和决策模型进行分析。

(四)报告结果

市场调查的最后一步是编写一份书面报告,调查人员不能把大量的调查资料和分析方法直接提供给客户或相关决策者,必须对数据进行分析和提炼,总结归纳出主要的调查结果并报告决策人员,减少决策者在决策时的不确定因素,只有这样的报告才是有价值的。

第三节 不动产市场需求与供给分析

一、不动产市场需求分析

(一)不动产需求的相关概念

1.市场规模

市场规模就是指特定商品的潜在购买者数量。潜在购买者具有三个特点:兴趣、收入与途径。因此,在估计某种产品的消费者市场时,我们首先需要判断对该产品有潜在兴趣的消费者数量。

潜在市场是由对某种特定商品有某种程度兴趣的消费者构成。消费者只有兴趣还不足以成为市场,必须有足够的收入购买这种商品。价格越高,愿意支付的人数就越少,这也说明,市场规模是兴趣与收入的函数。市场规模还会因为途径的限制而缩小。如果政府或团体对特定消费群体消费某种商品进行了限制,如某城市政府规定非本地户籍人士不得购买限价商品住房,那么本地户籍者就构成了该城市限价商品住房合格的有效市场。有效市场是对某种特定商品有兴趣、收入与途径的消费者的集合。

2.不动产潜在需求与有效需求

所谓不动产的潜在需求,是指居民对不动产商品消费欲望按目前社会一般生活水平计算的不动产商品应有需求量。即是指过去和现在尚未转变为实际的不动产购买力但在未来可能转变为不动产购买力的需求。潜在不动产需求是一定时期内该地区不动产需求的最大可能值，也称为不动产的边界需求。潜在需求虽然不能作为提供现实供给的根据，但对规划未来不动产开发规模和投资决策有重要参考作用。

从微观经济的角度看，不动产需求是指不动产消费者（包括生产经营性消费主体和个人消费者），在特定的时期内、一定的价格水平上，愿意购买而且能够购买的不动产商品量。这里所说的需求不同于通常意义的需要，而是指有支付能力的需求，即有效需求。

从宏观经济角度看，不动产需求指社会对不动产市场的总需求。在某一时期内全社会或某一地区内不动产需求总量，包括实物总量和价值总量。

因此，分析不动产市场的有效需求，必须从微观上把握有支付能力的需求，在宏观上把握总供给与总需求的均衡。

（二）不动产需求的特点

1. 不动产需求的整体性

这是由地产和房产需求的不可分割性所决定的。由于不动产是地产和房产的结合体和统一物，土地是房屋的物质载体，而房屋是地基的上层建筑，二者不可分割，因而不动产需求既包含了对房产的需求，也包含了对地产的需求，是对不动产统一体的需求，决不可以也不可能把二者分离开来。

2. 不动产需求的区域性

不动产空间的固定性决定了不动产需求的地区性特别强。主要表现在两方面：一方面，一定地域或一个城市不动产市场需求绝大部分来自本地区或本区域内的工商企业和居民的需求，即使外地居民或海外居民有购房需求也必须迁移到该地区才能形成实际需求。不像彩电、冰箱等一般商品可以运输到有需求的全国各地甚至海外销售。另一方面，在同一城市的不同地段，不动产市场需求也可以有很大差异，如在市中心地区、次中心地区和城市郊区，人口密集度、地区级差和房价等不同，都会形成不同的不动产需求。

3. 不动产需求的层次性

这里所说的需求的层次性主要是针对住宅不动产而言的，包括两层含义：第一层，是指住宅的功能性需求层次。住宅作为生活资料，可以满足人们生存性需求、享受性需求和发展性需求，随社会经济增长和收入增加，在满足基本生存需要的基础上，享受性需求和发展性需求会越来越上升到主要地位，因此，为了适应这种需求的变化趋势，住宅的设计、房型、设施、科技含量、环境与品位也要不断提高。第二层，是指住房消费需求的结构性层次。由于居民的收入结构和购房承受能力是区分为不同层次的，所以相应的住宅消费需求结构也划分为不同层次，从档次结构看可以分为高档住房、中档住房和低档住房；从价位结构看可以分为高价位房、中价位住房和低价位住房等等。

（三）不动产需求的类型

不动产需求是多种多样的，根据其需求的性质大致可分为三种类型。

1. 生产性需求

生产性需求指物质生产部门和服务部门为满足生产经营需要而形成的对不动产商品的需求，其需求的主体是各类企事业单位和个体工商业者。如工厂的厂房、商店的商铺、办公用房、服务行业用房以及其他生产经营性用房等产生的需求。

2. 消费性需求

由人们的居住需要而形成的不动产需求，主要是住宅不动产需求，其需求的主体是居民家庭。这类需求具有广泛性和普遍性，居住消费需求占整个不动产市场需求的绝大部分，一般占总需求的70%~80%。按住宅的分类，居住消费需求又可以分为：花园别墅需求、高层住房需求、多层住房需求、大中小各类房型的需求和各种不同档次的住房需求等。

3. 投资性需求

投资性需求指人们购置不动产不是为了直接生产和消费，而是作为一种价值形式储存，在合适的时候再出售或出租，以达到保值增值的目的。它本质上属于获利性的投资行为，房屋转售是为了获取差价收入，房屋出租是为了获得租金收入。不动产投资性需求可分为两种：一种是长期性投资，购房后长期出租，等待房价上涨时再转售；另一种是短期性投机炒作，在购买期房后炒高房价再在较短时间内转手出售获利。

二、不动产市场供给分析

（一）不动产供给相关概念

从微观经济角度来看，不动产供给是指生产者在某一特定时期内，在每一价格水平上愿意而且能够租售的不动产商品量。在生产者的供给中既包括了新生产的不动产商品（俗称增量房），也包括过去生产的存货（俗称存量房）。

从宏观经济角度来看，不动产供给是指不动产总供给，即在某一时期内全社会或某一地区内不动产供给的总量，包括实物总量和价值总量。

与不动产需求类似，不动产供给要具备两个条件：一是出售或出租的愿望，这主要取决于价格为主的交易条件；二是供给能力，这主要取决于不动产开发商的经济实力和经营管理水平，两者缺一不可，但在市场经济条件下，以价格为主的交易条件是主要的。

（二）不动产供给的特点

1. 城市土地供应的刚性和一级市场的垄断性

城市土地是指作为城市不动产基础的土地，它的供给分自然供给和经济供给两类，自然供给是指自然界提供的天然可利用的土地，它是有限的，因此是刚性的。经济供给是指在自然供给基础上的多种土地用途的互相转换。土地的经济供给，由于受自然供给刚性的制约，其弹性不大。因此，从总体上说，城市土地的供给是有限的。中国城市土地属于国家所有，国家是城市土地所有权市场的唯一供给主体，因此城市土地一级市场是一种垄断性市场。不动产供给的供应方式和供应结构限制了土地供应量。国家通过调节土地供应量来控制不动产供给总量。因此控制土地供应也成了政府实施宏观调控的重要手段。

2. 不动产供给的层次性

不动产供给一般分为三个层次，现实供给层次、储备供给层次和潜在供给层次，这三个供给层次是动态变化的。

现实供给层次是指不动产产品已经进入流通领域，可以随时出售和出租的不动产。通常也称其为不动产上市量，其主要部分是现房，也包括已经具备预售条件的期房。不动产的现实供给是不动产供给的主导供给层次和基本层级，它是不动产供给方行为状态，并不等于不动产商品价值的实现。不动产商品价值的实现取决于供给和需求的统一。

储备供给层次是指不动产生产者出于一定的考虑将一部分可以进入市场的不动产商品暂时储备起来不上市。这是生产者的主动商业行为，与人们说的空置房是有区别的，空置房主要是指生产者想出售而一时出售不了的不动产商品。

潜在供给层次是指已经开工和正在建造，以及竣工但未交付使用等尚未上市的不动产产品，还包括一部分过去属于非商品不动产，但在未来可能改变其属性而进入不动产市场的不动产产品。

3. 不动产供给的滞后性

不动产商品的生产周期长，一般要二三年，甚至数年。较长的生产周期决定了不动产供给的滞后性，这种滞后性又导致了不动产供给的投资的风险性。即使不动产开发计划在目前是可行的，但在数年后房屋建成投入市场时，也可能因市场发生变化，而造成积压和滞销。

4. 不动产供给的时期性

不动产供给的时期一般可分为特短期、短期和长期三种。

所谓特短期又称市场期，是指市场上不动产生产资源固定不变，从而不动产供给量固定不变的一段时期。所谓短期是指在此期间，土地等不动产生产的固定要素不变，但可变要素是可以变动的时期。因此所谓短期是指生产要素改变而对不动产供给产生较小幅度变化的一段时间。所谓长期是指在此期间，不但不动产行业内所有的生产要素可以变动，而且可以与社会其他行业的资本互相流动，从而是对不动产供给产生较大幅度影响的一段时期。在长期内，房屋供应量变动较大。

（三）不动产供给的类型

不动产供给既包括新生产的不动产商品（俗称增量房），也包括过去生产的存货（俗称存量房）：①增量房，一般是指不动产开发商投资新建造的商品房；②存量房，相对于增量房而言，存量房是指已被购买或自建并取得所有权证书的不动产。

（四）影响不动产供给的主要因素

1. 不动产市场价格

不动产市场价格是影响不动产供给的首要因素，因为在成本既定的情况下，市场价格的高低将决定不动产开发企业有否盈利和盈利多少。一般而言，当价格低于某一特定水平，则不会有不动产供给，高于这一水平，才会产生不动产供给，而且不动产供应量随着价格的上升而增加，随价格的降低而减少。

2. 土地价格和城市土地的数量

土地价格是不动产成本的重要组成部分，中国城市中目前土地费用占商品房总成本的30%左右。土地价格的提高，将提高不动产的开发成本，对此不动产开发商一般会采用两种可选对策：一是增加容积率，使单位建筑面积所含的地价比重下降，消化地价成本的上升，从而有利于增加不动产供应。二是缩小生产规模和放慢开发进度，从而会引起不动产供给的减少。

城市不动产的供给能力，在很大程度上取决于能够供给城市使用的土地数量。一般来说，一个国家经济发展水平越高，特别是农业生产力越高，则可提供给城市使用的土地就越多。换言之，城市土地的供给水平必须与经济发展，特别是农业发展水平相适应。

3. 资金供应量和利率

由于不动产的价值量大，开发建设需投入大量资金，除自有资本金投入外、还需银行等金融机构开发贷款的支持，据统计不动产开发资金中直接和间接来自银行贷款的约占60%，依存度很高。因此，国家的货币政策对不动产供给的影响极大。若货币供应量紧缩，对企业的开发贷款减少，建设资金紧缺，必然导致不动产供给量下降；反之，当货币供应量扩张，对企业的开发贷款增加，建设资金充裕，则不动产供给量上升。同时，不动产开发贷款利率的高低也会对不动产供给带来重大影响，若银行的贷款利率提高，会增加利息成本，在销售价格不变的情况下势必减少利润，影响其开发积极性，导致供给量减少，反之，供应量提高。所以，银行的信贷政策是调节不动产供给的重要因素。

4. 税收政策

税收是构成不动产开发成本的重要因素，我国目前各种税费占不动产价格的10%~15%。如果实行优惠税收政策，减免税收和税收递延，就会降低不动产开发成本，使同量资金的不动产实物量的供给增加，会提高开发商盈利水平，从而吸引更多的社会资本从事不动产开发，最终会增加不动产的供给量。反之，若增加税费，则会直接增加不动产开发成本，使同量资金的不动产实物量的供给减少，会降低开发商盈利水平，使开发商缩小其投资规模，甚至将资本转移到其他行业中去，从而会导致不动产供给量的减少。

5. 建筑材料供应能力和建筑能力

建筑材料如钢材、木材、水泥、平板玻璃以及建筑陶瓷等，其供应能力是制约不动产开发规模和水平的物质基础。建筑能力包括建筑技术水平、装备水平、管理水平以及建筑队伍的规模等因素，是决定不动产供应水平的直接因素。

第四节 不动产市场区位分析

一、区位理论概述

区位是人类活动实体占有的场所，既指事物所处的具体位置，更指该事物与其他事物之间的一种空间联系。区位不仅从点、线、面等角度界定了物体的空间位置，而且从空间联系角度提示了人们社会经济活动中位置选择以及空间分布的规律。

人类在地理空间上的每一个行为都可以视为是一次区位选择活动。例如：农业生产中农作物种子的选择与农业用地的选择，工厂的区位选择，公路、铁路、航道等路线的选线与规划，城市功能区（商业区、工业区、生活区、文化区等）的设置与划分，城市绿化位置的规划以及绿化树种的选择，不动产开发的位置选择，国家各项设施的选址等。

综上所述，不动产区位是指一宗不动产与其他不动产或者事物在空间方位和距离上的关系，包括位置、交通条件、外部配套设施、周围环境和景观等。

二、区位的特点

（一）空间性

空间是事物存在的基本形式之一，因为区位的基本内涵就是实物占有的空间位置，所以区位的本质就是其空间性。

（二）唯一性

就空间利用而言，因土地的不可移动性而导致的区位之间的差异是空间差异的最突出表现。两宗土地即使其他环境特征完全相同，也会因区位的不同而不同。同一区位因承载的人类活动的差异而产生不同的区位效益，因而其区位的优劣质是相对意义上的，不存在的绝对好的区位或绝对差区位。

(三）动态性

区位虽是固定不变的，但由于其他各种因素总是处于不断变化的过程之中，因而区位具有动态性特征。区位可以通过人们有意识的干预行为而改变，人们可以根据自身需要，在不违背自然规律的前提下改善区位质量，提高区位效益。

(四）相依性

各空间之间彼此依存，各空间之间也存在高度相依性，每一空间的区位条件都受到周边环境的影响，反过来也对周边环境产生影响，这种相互影响形成外部经济或外部不经济。

(五）稀缺性

相对于大量不同类型的人类活动而言，适宜的区位一方面由自然条件决定，另一方面由长期人类活动所形成，其供给往往小于相应的需求，因而区位具有稀缺性。

(六）综合性

区位是一个综合的概念，既是以自然地理区域为依托的地理学概念，也是经济学概念。经济学意义上，区位是以人的选择活动、相互的经济联系以及人与客观环境的相互作用为内容。

(七）等级性

对某一类经济活动来说，譬如农业开发、不动产开发等，区位因为自身土地质量、相互方位关系以及地点的不同而表现出的差异性即体现为区位的等级性。尤其是不动产价格与区位之间的密切联系就反映出这一点。

三、区位状况分析

(一）位置状况分析

对不动产位置状况的分析主要包括以下几个方面：

1. 坐落

不动产的具体地点。

2. 方位

不动产在某个较大区域（如所在城市）中的方向和位置以及在某个较小区域（如所在住宅小区、十字路口）中的方向和位置。分析一宗不动产的方位，首先应该先看该不动产在某个大区域中的位置，例如，由于风向、水流等原因,该不动产是位于城市的上风、上游地区或是下风、下游地区。

3. 距离:不动产与重要场所的远近。距离可进一步分为空间直线距离、交通路线距离、交通时间距离、经济距离来认识。

4. 朝向

不动产建筑物的正门或房间的窗户等正对着的方向,例如,不动产上建筑物坐北朝南;坐东朝西。朝向对住宅类型不动产价值的影响最为显著。

5. 楼层

某不动产为某幢房屋中的某层、某套时,说明其所在的楼层。对于某一层商业类型不动产而言,楼层是极其重要的位置因素,例如,商业用房的地下一层、地上一层、二层、三层等之间的价格或租金水平差异很大,一般地说,地上一层的价格或租金最高,其他层的价格或租金较低,一般不到地上一层价格或租金的60%。

(二)交通状况分析

对不动产的交通状况的分析主要包括以下几个方面:

1. 道路状况

不动产附近有几条道路,到达这些道路的距离,各条道路的路况(如道路等级、路面状况、交通流量大小),有无过路费、过桥费及收费标准。

2. 出入可利用的交通工具

不动产附近经过的公共汽车、电车、地铁、轻轨、轮渡等公交线路的数量,到达公交站点(如公共汽车站、地铁站等)的距离,公交班次的疏密等。

3. 交通管制情况

不动产受步行街、单行道的影响,以及限制某些车辆通行、限制通行时间和限制行车速度等条例的影响。

4. 停车方便程度和收费标准

不动产有无停车场、车位数量、到停车场的距离等。

(三)外部配套设施状况分析

1. 外部基础设施

不动产所具备的道路、供水、排水(雨水、污水)、供电、供气、供热、通信、有线电视等设施的完备程度。

2. 外部公共服务设施

不动产周围一定距离内教育（如幼儿园、中小学）、医疗卫生（如医院）、文化、体育、商业服务、金融邮电、社区服务、市政公用和行政管理等设施的完备程度。

一般来说，外部配套设施完备程度对住宅类型不动产的影响尤为明显，例如，周边有教育质量高的中小学的住宅，即所谓的学区房，其价格就高，反之，其价格就低，这是中国所特有的。

第五节 不同类型不动产市场分析

一、宏观因素分析

影响不动产市场的宏观因素主要包括经济因素、政治因素、人口因素、政策法规和利税因素。各种类型不动产都需要进行宏观因素分析。

二、供给与需求分析

（一）供给分析

各种类型不动产在市场供给方面都需要进行不动产市场走势、城市规划、当前开发建设的不动产状况等方面的分析。

第一，调查不动产当前的存量、过去的走势和未来可能的供给。具体内容包括：相关不动产类型的存量、在建数量、计划开工数量、已获规划许可数量、改变用途数量和拆除量等；短期新增供给数量的估计。

第二，分析当前城市规划及其可能的变化和土地利用、交通、基本建设投资等计划。

第三，分析规划和建设中的主要不动产开发项目。规划中的项目需分析其投资者、所在区县名称、位置、占地面积、容积率、建筑面积和项目当前状态等；正在开发建设中的不动产项目需分析其项目名称、位置、预计完工日期、建筑面积、售价和开发商名称等。

第四，分析不动产市场的商业周期和建造周期循环运动情况，分析未来相关市场区域内供求之间的数量差异。

（二）需求分析

影响不动产需求的因素随不动产类型的不同而不同。

第一，住宅不动产主要需分析新住户的生成、收入水平、贷款的可获得性、替代品的价格、拥有成本和对未来的预期等因素的影响。

第二，商业不动产主要分析人口或就业增长、家庭和家庭规模、平均家庭收入和可支配收入、贸易区域可支配收入等因素的影响。

第三，写字楼不动产主要分析使用写字楼的行业，如金融、保险、房地产、代理咨询和服务业、高新技术和销售业等的发展状况和就业人口等因素的影响。

第四，工业不动产主要分析国家和区域经济增长状况及在制造业、批发、商业、运输、交通和公共设施行业的就业人口等因素的影响。

三、区位分析

（一）住宅项目区位分析

住宅是保障人们生存的必需品，它为人们提供一个工作劳动之余的安静舒适并且相对私密的空间。从不动产投资的角度来看，居住用地的投资目标与其他用地类型无异，即追求利润最大化。但住宅项目必须最大限度地满足购买者的需求，才能获取最大利润。

对住宅类型不动产的区位需进行如下几个方面的分析：①基础设施完备程度分析，基础设施不仅包括为居民的生活提供用水、电、煤气、电信、宽带网络等的市政公用设施，而且包括托儿所、幼儿园、中小学、医院、邮局、商业零售网点、康体及文化娱乐设施等公建配套基础设施。②公共交通便捷程度分析，从经济角度来评价居住用地区位的好坏，主要是从出行时间和出行支出这两方面考虑。住宅是人们长期稳定的居留地，出行成本便成为人们普遍会加以考虑的居住选择因素。例如，年轻人主要选择接近工作场所的地点，而老年人则可能选择接近游乐场所的地点。③环境分析，随着城市居民生活水平的提高，越来越多的人开始追求高环境品质的住宅。环境包括自然环境和人文环境。自然环境包括绿化、视觉效果、空气、水土这几个方面。人文环境主要包括附近人口文化层次构成、职业构成等。④人口分析，人口因素与住宅项目的市场前景有很大关系。人口因素主要包括人口数量、人口素质、家庭规模和结构、家庭收入水平、人口流动性、当前居住状况等方面的影响。住宅项目投资如果选择在人口素质高、支付能力强的地区进行，就意味着成功可能性的提高。

（二）商业项目区位分析

商业经营活动的目的是为了追求最大的利润，而商业利润是通过销售产品取得的，因此，产品销量是决定商业经营活动利润的关键。

商业项目的区位选择应该以最大限度地增加产品销售量、提高销售额为目标，重点考虑的因素有以下几个方面：①交通便捷性，商业地产生存的动力核心是人气的聚集，因此商业地产应当分布于交通便捷、易达性好的位置，为商家及消费者的进出提供方便，以最大限度地吸引商家及消费者。交通的便利性主要体现在道路交通工具的发达情况。第一，交通网络的发达程度，商品运输是否方便，商品运输经济成本和时间成本的高低。第二，是否有密集、发达的交通路线，道路设施建设是否完善，交通路线的停靠点是否都均匀便利和全面覆盖整个区域，是否有轨道交通经过以及距离轨道交通站点的远近，这些都紧密地关系着消费者购物的便利程度。第三，消费者进出商业设施的便利性，门外的台阶尽可能少，外面台阶要防滑，要有手推车通道、无障碍通道等，还要有足够的停车位以方便开车来购物的消费者。②标志性，标志性是商业地产被往来行人或者乘车者所能看到的程度。一般情况下，场所的标志性越高，越容易引起客流的重视，消费者前来的可能性越大，因此能够更多地吸引即兴消费。商业地产具有较高的标志性，可以让消费者便利地找到商业地产所在地。③适应性，适应性表现在获得土地是要考虑土地面积、周围环境、基础设施条件等，建筑时要考虑建筑的构造、材料、立面造型及可塑性与不动产定位的类型需要是否符合等。商业地产的建设要与周围的建筑环境相融合，不同的环境要求不同的建筑风格。同时要符合有关城市建设发展规划要求，该地点的交通、市政、绿化、公共设施、住宅建设或改造项目的近远期规划等。④购买力，商业地产的成功运营必然要求有稳定的目标消费群体，不同的项目在不同的区域，或者同一项目在不同的区域，都会影响预期的消费者数量。商业地产的投资规模也必须与区域购买力相适应。因此，商业地产选址时必须把购买力作为选址原则之一。这就要求投资者要仔细研究商圈内维持商业设施存在的最低服务人口数量及一定的消费能力，调查不同区域内人口的数量、密度、年龄分布、文化水平、人均可支配收入等多项指标，尽量选址于购买力强的区域。

(三)写字楼项目区位分析

写字楼是专业商业办公用楼的别称,指公司或企事业单位从事各种业务经营活动的建筑物及其附属设施和相关的场地。目前,写字楼市场依照写字楼所处的位置、自然或质量状况及收益能力,通常分为甲、乙、丙三个等级。

写字楼项目区位选择所包含的特殊因素主要有以下几个方面:①办公集聚度,办公集聚度直接影响着商务活动的生产要素、信息的集聚和便捷度、资源的优化配置,而城市的中央商务区是办公集聚度最高的区域,选择写字楼项目区位时,应尽量选择在中央商务区范围内。②配套服务完善度,随着越来越细致的社会分工,企业正逐步走向专业化、多元化的道路,中小型企业成为进驻写字楼的主流。企业日常运营需要外来的多方面的配套服务设施,如酒店、餐馆、茶馆、邮政快递、订票及文印服务等,这些成熟的商业配套服务是进驻企业衡量写字楼适宜程度的关键。③交通便利性,写字楼集中了大量的流动人员,其中包括工作人员和进行各种商务活动的往来客户等。交通条件对写字楼中工作人员和客户的办公效率有直接影响。道路系统的完善程度,尤其是快捷有效的道路,是写字楼租用者重点考虑的问题。④前瞻性,写字楼是一项风险较大的长期投资,它的选址关系着不动产后期的经营发展。选址时,要预期未来环境的变化,评估所在地的竞争态势及发展前景,选择具有一定的发展潜力的区域,考虑集聚效应的作用,选择能够成为城市人流、物流和商务活动的焦点区域。

(四)工业项目区位分析

工业项目区位的分析所考虑的因素与住宅、商业、写字楼项目有很大的不同。工业项目区位的选择须考虑的特殊因素包括:原材料资源数量的多少,连接原材料供应基地和产品销售市场的交通运输成本的高低,技术人才和劳动力供给的可能性,水、电等资源供给的充足程度,环境污染的防治政策等。

不同的工艺项目在进行区位选择时所考虑的因素是不同的。例如,农产品加工工业,特别是新鲜农产品加工企业(如水果、蔬菜深加工产业)在做区位分析时,一般将原材料产地作为首选地区,考虑主要原材料数量的多少,例如中粮集团将番茄酱生产基地设在新疆就是基于原材料多少的考虑。再如高新技术产业,其更多的是考虑科学技术、高级人才供给的可能性,大量高新技术产业集聚在大城市就是基于此类考虑。

四、其他相关因素分析

（一）住宅项目相关因素分析

住宅市场分析还将包括通过与房地产经纪机构、物业管理人员，特别是住户的沟通，从而了解开发项目周围地区住宅的供求状况、价格水平、人们对现有住宅满意的程度和对未来住房的希望，最后确定所开发项目的平面布置、装修标准和室内设备的配置。

（二）商业项目相关因素分析

要充分考虑项目所处地区的流动人口和常住人口的数量、购买力水平以及该地区对零售业的特殊需求，还要考虑购物中心的服务半径及附近其他购物中心、中小型商铺的分布情况。最后才能确定项目的规模、档次以及日后的经营构想。

（三）写字楼项目相关因素分析

要研究项目所处地段的交通通达程度，拟建地点的周边环境及与周围商业设施的关系。还要考虑内外设计的平面布局、特色与格调、装修标准、大厦内提供公共服务的内容、满足未来潜在使用者的特殊需求和偏好等。

（四）工业项目相关因素分析

要考察开发所必须具备的条件，诸如劳动力、交通运输、原材料和专业人员的来源问题。同时还要考虑未来入住者的意见，如办公、生产和仓储用房的比例，大型运输车辆通道和生产工艺的特殊要求，以及对隔音、抗震、通风、防火、起重设备安装等的特殊要求。

第七章 不动产登记数据整合入库

不动产登记，最大的特点还是一个"统"字。最核心工作是将分散在各部门的各类登记事务，在已有工作成果的基础上进行融合、整合，形成更加高效统一的数据体系。本书以不动产的各类权属登记为主线，厘清不动产数据库内容、空间要素分层、属性数据结构等，为形成不动产登记奠定基础，确保各类不动产登记工作的连续性和平稳过渡。

第一节 不动产登记数据整合

一、数据库内容与规范编制

不动产登记数据库应包括土地、海域、房屋、林木等不动产单元数据、权利人数据、权利数据、登记业务数据和其他数据。

建立完善的数据资源建设、整合入库标准和制度体系，是不动产数据云建设、更新和维护应用的基础。按照统一的空间数据数学基础、统一的数据分类编码，数据格式，命名规则等，确保各类数据操作行为的规范性，数据的现势性、准确性和有效性。

不动产标准规范的编制应遵循以下三点：

第一，对于国家地理信息标准体系以及电子政务领域中已经成熟的标准，可以直接采用或工程化裁减使用。

第二，对于国土等行业相关业务规范，在参考国家已有行业标准的基础上，结合各行业的实际情况，通过采用和改造建立相应的专用标准。

第三，根据业务和管理的需要，最大限度地继承各类不动产已有的规范、标准；既充分继承吸收各领域与统一登记兼容的各种要求和规定，又严格遵循不动产统一登记制度的新内涵和登记信息化建设的新要求，从形式、内容进行整合创新，设计不动产登记标准体系。

二、不动产登记要素

根据分类编码通用原则，将不动产登记数据要素依次按大类、小类、一级类、二级类、三级类和四级类划分，分类代码采用十位数字层次码组成，设定为两位数字码，空位以0补齐。

三、业务数据整合

（一）基础图层整合

最核心的基础图层整合主要分为行政区、地籍区、地籍子区数据的处理与补充、修正。

1. 行政区整合

将集体土地所有权、建设用地使用权、房屋所有权对应空间数据中的行政区数据进行处理，以集体土地所有权中行政区数据为主，用其他的行政区数据对其他没有覆盖到的地方进行补充，保留行政区、行政界线以及行政要素注记三类空间要素。

2. 地籍区和地籍子区整合

将集体土地所有权登记、国有建设用地使用权登记、集体建设用地使用权登记、宅基地登记等对应空间数据中的地籍区、地籍子区数据进行处理，以集体土地所有权中地籍区、地籍子区为基础，用其他的地籍区、地籍子区数据对没有覆盖到的地籍区和地籍子区进行补充，对编码重复进行修正，对漏码的地方进行重新编码，编码标准要严格遵循《城镇地籍调查规程》要求。

（二）宗地统一编码

1. 地籍区、地籍子区划定及编号

依据各区县行政界线、乡镇级行政界线，以及原街道、街坊界线图，并结合永久性线状地物如道路、河流、山脊线等，采用行政界线与典型现状地物相结合的方式进行地籍区、地籍子区划分与界定，对地籍区、地籍子区进行编号。

2. 宗地统一编码制作

根据已确定的地籍区与地籍子区范围，在不同地籍子区、土地权属类型代码后，对宗地进行全部顺序流水编号。重新编号后新宗地代码与旧地籍编号之间不存在逻辑对应关系，而需要建立新老地籍号对照表。宗地日常变更中，宗地号在现有编号的基础上从最大号开始续编。

（三）地籍数据整合

1. 地籍图形数据标准化处理

第一，集体土地所有权空间数据整理：根据《城镇地籍数据库标准》对集体土地所有权登记的空间数据进行整理时，需保留行政区划层、地籍区层、地籍子区层、集体土地所有权宗地层、界址线、界址点以及与之相关联的属性信息。

第二，建设用地使用权空间数据整理：根据《城镇地籍数据库标准》对建设用地使用权登记的空间数据进行整理时，需保留地籍区层、地籍子区层、建设用地使用权宗地层、界址线、界址点以及与之相关联的属性信息。建设用地使用权登记的空间信息与房屋空间信息的空间参考保持一致。

2. 地籍登记业务数据处理

第一，整理后的权利登记信息。将宗地编号、坐落、宗地面积、土地用途、权利类型、权利性质、权利设定方式、容积率、建筑密度、建筑限高、空间坐标、位置说明、四至描述等信息转录到宗地信息表中，并与空间数据关联。

第二，登记簿册整理。整理各类土地所有权和使用权登记的信息，根据不动产统一登记数据库标准中各类权利图层的标准属性结构，确定需要保留的属性字段。同时，整理相关扩展属性信息。

第三，通过将宗地编号相关联的变化原因、变化内容、登记时间、登簿人以及附记信息的扩展属性信息转入到宗地变化情况信息表中，保留原宗地号并保持关联。

第四，将办理业务号、登记类型、登记原因、使用期限、取得价格、不动产权证号、登记机构、登记时间、登簿人、附记等信息转入到国有建设用地使用权登记信息数据表中，并补充录入要素代码，保留原宗地编号，不动产单元号暂空。

第五，将权利人、证件种类、证件号、共有情况、权利人类型等信息转入到权利人信息表中，保留原宗地号并保持关联。

第六，将本宗地的地役权、抵押权、查封登记、异议登记的信息分别转入到对应的数据表中，保留原宗地号并保持关联。

（四）房产数据整合

1. 空间图形数据标准化处理

充分利用已有地籍调查成果中的房屋数据和房产测绘数据，将精度高的成果作为不动产登记房产空间图形基础数据，利用数据升级转换工具，将其转换成符合要求的房产图形数据库，保证能够支撑不动产登记信息平台。

房产数据整理，主要依据《房地产市场基础信息数据标准》对房产登记数据进行整理，主要保留楼盘表和房产登记数据，并做好与房产交易管理的数据衔接。在对房屋所有权登记的空间数据进行整理时，应保留自然幢等空间信息以及与之相关联的属性信息。自然幢属性表与《房地产市场基础信息数据标准》中描述一致。一般房屋所有权登记的空间信息与对应的国有土地建设用地使用权的空间参考保持一致。

2. 楼盘表数据整理

整理楼盘表信息、自然幢信息与空间信息主要包括以下内容。

逻辑幢：保留丘编号、自然幢号、逻辑幢号、门牌号、预测建筑面积、预测地下面积、预测其他面积、实测建筑面积、实测地下面积、实测其他面积、竣工日期、房屋结构、建筑物状态、状态日期、房屋用途、备注等信息。

户：保留路基幢号、房屋编码、层号、坐落、面积单位、实际层、名义层、户号、室号部位、户型、户型结构、房屋用途、预测建筑面积、预测套内建筑面积、预测分摊建筑面积、预测地下部分建筑面积、预测其他建筑面积、预测分摊系数、实测建筑面积、实测套内建筑面积、实测分摊建筑面积、实测地下部分建筑面积、实测其他建筑面积、实测分摊系数、共有土地面积、分摊土地面积、房屋类型、房屋性质、状态、房地产平面图等信息。

3. 房屋产权数据处理

房屋产权数据处理包括房屋基本属性数据处理、房屋产权数据清理。

（1）整理内容

第一，房地产权登记信息（项目内多幢房屋）：保留现有宗地编号、房地坐落、业务号、房屋所有人、证件种类、证件号、共有情况、权利人类型、登记类型、登记原因、土地使用权人、土地使用期限、房地产交易价格、总单元数、不动产权证号、登记时间、登簿人、附记等，同时还要保留项目名称、幢号、总层数、规划用途、房屋结构、建筑面积、竣工时间、总套数等信息。

第二，房地产权登记信息（独幢、层、套、间房屋）：保留丘编号、自然幢号、房屋编号、房地坐落、业务号、房屋所有人、证件种类、证件号、共有情况、权利人类型、登记类型、登记原因、土地使用权人、土地使用面积、土地使用期限、房地产交易价格、规划用途、房屋性质、房屋结构、所在层/总层数、建筑面积、专有建筑面积、分摊建筑面积、竣工时间、不动产权证号、登记时间、登簿人、附记等信息。

第三，房地产权登记信息（建筑物区分所有权业主共有部分）：保留丘编号，建筑物区分所有权业主共有部分权利人、业务号、建（构）筑物编号、建（构）筑物名称、建（构）筑物数量或者面积、土地使用面积、不动产权证号、登记时间、登簿人、附记等信息。

（2）整理思路

第一，房屋基本属性数据处理。在已有项目实际经验中，对已存在于数据库的数据本身的准确性、完整性进行清理，需要处理的主要内容：①对已经建立的楼盘表进行检查，确保楼盘表建立规则的唯一性和符合相关规定。对楼盘表中房屋的状态（重点为限制状态）进行清理核实，确保数据的准确性。②对没有建立楼盘表的房屋根据档案数据进行补录并建立满足管理需要、符合楼盘表建立业务规则的楼盘。③对照土地登记数据和地籍图，发现已建但未进行登记的房屋，并进行注记或外业勘察。④清理生成房屋编码，同步建立标准地址，与新数据保持一致，规范所有房屋地址编写格式。⑤根据标准地址、幢编码内容将楼盘表与建立完成的GIS数据库中的幢属性进行自动匹配，数据匹配成功后进行自动落地，实现"地—楼—房"的关联。

第二，房屋产权数据清理。以房屋权属档案数据、物理数据为基础，以楼盘表为载体，清理每一套房屋的登记产权数据。主要工作内容：①将登记业务数据与权属、档案数据和物理数据建立关联；②通过编写工具展示房屋上下手业务关联信息，并参照每笔业务的扫描件进行核对，纠正关联有误信息；③对楼盘表上每户的权属信息内容、关联性等进行质量检查；④通过房屋上下手关联的清理，核对并纠正楼盘表结构，去除重复幢、重复户、合并户、合并幢，最终将所有房屋全部归幢；⑤最后在前面清理的物理数据、权属数据、登记业务数据的基础上生成房屋电子登记簿数据库；⑥建立与不动产数据库标准之间的映射关系，将清理好的数据通过数据转换工具生成符合要求的成果数据。保证能够接入到不动产登记信息数据库中。

4. 房屋登记数据处理

对房屋交易和登记档案以及数据进行清理、完善和整合，将房产登记数据库融入到不动产登记数据库中。清理内容主要包括：厘清每栋或每套房屋的物理属性，权属现状和权属变化情况（包括所有权、抵押权、地役权、预告、异议、查封限制等，有交易数据的房屋同时对交易数据进行清理）。

通过房屋编号或建（构）筑物编号关联整理相应的地役权、抵押权、查封登记、异议登记以及预告登记的信息。

（1）地役权信息

保留项目编号、自然幢号、房屋编号（供役地）、业务号、地役权人（需役权人）、证件类型、证件号、供役地人、登记类型、登记原因、地役权内容、地役权利用期限、不动产登记证明号、登记时间、登簿人、附记等信息。

（2）抵押权信息

保留项目编号、自然幢号、房屋编号、业务号、抵押权人、证件类型、证件号码、抵押人、抵押方式、登记类型、登记原因、在建工程坐落、在建工程抵押范围、被担保主债权数额（最高债权数额）、债务履行期限（债权确定期间）、最高债权确定事实和数额、不动产登记证明号、登记时间和登簿人、注销抵押业务号、注销抵押原因、注销时间和登簿人、附记等信息。

（3）查封登记信息

保留项目编号、自然幢号、房屋编号、业务号、查封机关、查封类型、查封文件、查封文号、查封期限、查封范围、查封登记时间和登簿人、解封业务号、解封机关、解封文件、解封文号、解封登记时间和登簿人、附记等信息。

（4）异议登记信息

保留项目编号、自然幢号、房屋编号、业务号、申请人、证件种类、证件号、异议事项、不动产登记证明号、登记时间和登簿人、注销异议业务号，注销异议原因、注销登记时间和登簿人、附记等信息。

（5）预告登记信息

保留项目名称、丘编号、房地坐落、业务号、权利人、证件类型、证件号、义务人、证件类型、证件号、预告登记种类、登记类型，登记原因、土地使用权人，规划用途、房屋性质，所在层/总层数，建筑面积，取得价格/被担保主债权数额、不动产登记证明号、登记时间、登簿人、附记等信息。

（五）林业数据整合

1. 林业空间数据标准化处理

林业空间数据整理：对林权登记的空间数据进行整理时，需保留行政区、林班、小班、宗地以及与之相关联的属性信息。一般林权登记的空间信息与集体土地所有权的空间参考保持一致。

2. 林业业务数据处理

登记簿册整理：整理林权登记的信息，保留宗地代码、坐落、宗地面积、发包方、业务号、林地权利人、证件类型、证件号、共有情况、权利人类型、登记类型、登记原因、林地使用期限、森林/林木所有权人、主要树种、株数、林种、起源、造林年度、小地名、林班、小班、林权证号、登记时间、登簿人、附记等信息。

（1）地役权信息

保留不动产权证号、宗地编号（供役地）、业务号、地役权人（需役权人）、证件类型、证件号，供役地人、登记类型、登记原因、地役权内容、地役权利用期限、不动产登记证明号、登记时间、登簿人、附记等信息。

（2）抵押权信息

保留不动产权证号、宗地编号、业务号，抵押权人、证件类型、证件号码、抵押人、抵押方式、登记类型、登记原因、在建工程坐落、在建工程抵押范围、被担保主债权数额（最高债权数额）、债务履行期限（债权确定期间）、最高债权确定事实和数额、不动产登记证明号、登记时间和登簿人、注销抵押业务号、注销抵押原因、注销时间和登簿人、附记等信息。

（3）查封登记信息

保留不动产权证号、宗地编号、业务号、查封机关、查封类型、查封文件、查封文号、查封期限、查封范围、查封登记时间和登簿人、解封业务号、解封机关、解封文件、解封文号、解封登记时间和登簿人、附记等信息。

（4）异议登记信息

保留不动产权证号、宗地编号、业务号、申请人、证件种类、证件号、异议事项、不动产登记证明号、登记时间、登簿人、注销异议业务号、注销异议原因、注销登记时间和登簿人、附记等信息。

3.建立登记数据与空间数据的关联关系

整理后的林权登记信息：将宗地编号、坐落、宗地面积信息转录到宗地信息表中，补录土地用途、权利类型、权利性质、权利设定方式等信息。

将发包方、业务号、登记类型、登记原因、林地使用期限、森林/林木所有权人、主要树种、株数、林种、起源、造林年度、小地名、林班、小班、不动产权证号、登记时间、登簿人、附记等信息转入到林权登记信息数据表中，并补充录入要素代码，保留原宗地编号，不动产单元号暂空。

4.林地落宗

林地落宗方法与房屋落宗类似。

5.属性关联

（1）抵押权信息

保留林权证号、宗地代码、业务号、抵押权人、证件类型、证件号码、抵押人、抵押方式、登记类型、登记原因、被担保主债权数额（最高债权数额）、债务履行期限（债权确定期间）、最高债权确定事实和数额、林权他项权利证明号、登记时间和登簿人、注销抵押业务号、注销抵押原因、注销时间和登簿人、附记等信息。

（2）查封登记信息

保留林权证号，宗地代码、业务流水序号、查封机关、查封类型、查封文件、查封文号、查封期限、查封范围、查封登记时间和登簿人，解封业务号、解封机关、解封文件、解封文号，解封登记时间、登簿人，附记等信息。

（3）权利人信息

保留宗地代码、权利人名称、证件类别、证件号码、发证机关、所属行业，国家/地区、户籍所在省市，性别、电话、地址、邮编、工作单位、电子邮件、权利人性质、权利面积、权利比例、共有方式、备注等信息。

（六）外业勘察补录

充分利用已有不动产权籍调查、登记，以及前期审批、交易、竣工验收等成果资料，采用已有集体土地所有权地籍图、城镇地籍图，村庄地籍图，地形图，影像图等图件作为工作底图，对于房屋无法"落地"或空间图形数据库没有覆盖的情况，采用外业测绘调查方式进行补测，完善不动产数据库。

第二节 数据整合入库

一、数据提取与资料搜集

（一）土地登记数据提取

地籍系统中提取的登记数据是土地证书、登记卡信息、抵押权信息和查封数据信息，其中土地证书中提取的主要是不动产权利所有权，使用权数据，当权利为抵押权或查封时，应当查找对应的所有权或使用权，并导出。

整理的数据应当先选择重点区域，流转比较频繁的区域优先整理，数据检验验收后再将整理方法扩展到全部区域。

（二）房产登记数据提取

在房产交易登记管理系统中提取的登记数据是房产证书、登记卡信息、抵押权信息和查封数据信息。其中房产证书中提取的主要是不动产权利所有权数据，当权利为抵押权或查封时，应当查找对应的所有权，并导出。同时应导出楼盘表数据，在不动产登记系统上线后，以楼盘表为数据核心进行不动产发证。

应当先选择重点小区、重点工程优先整理楼盘表数据。流转交易频繁的区域优先整理，可以选取某一个地区、业务量适中的地方先做试点，待实施方案可行时再将整理方法扩展到全部区域。

（三）林权登记数据提取

在林权登记系统中提取林区登记的信息，包括宗地代码、坐落、宗地面积、发包方、业务号、林地权利人、证件类型、证件号、共有情况、权利人类型、登记原因、林地使用期限、森林/林木所有权人、主要树种、株数、林种、起源、造林年度、小地名、林班、小班、林权证号、登记时间、登簿人、附记等信息。

搜集土地、房屋、林地、草原、海域等不动产登记执行的数据库标准、技术规程以及原来的各类不动产登记图、表、卡、册等纸质资料和电子数据。

第一，对于已利用信息化手段实现集体土地所有权、建设用地使用权、宅基地使用权、房屋所有权、土地承包经营权、农用地使用权、林权、海域、无居民海岛使用权及构（建）筑物所有权、取水权、探矿权、采矿权等登记管理的，已经建成较为完备的数据库的，搜集完备的电子数据信息、元数据信息，以及相应的数据库结构设计，执行的数据库标准、技术规程等资料。

第二，对于利用传统手段完成集体土地所有权、建设用地使用权、宅基地使用权、房屋所有权、土地承包经营权、农用地使用权、林权、海域、无居民海岛使用权及构（建）筑物所有权、取水权、探矿权、采矿权等登记管理，已经建成相应档案系统，实现档案查询管理或登记结果以电子化方式存储的，需要搜集完备的纸质登记簿和电子化档案，以及原来执行的技术规程等。

第三，对于利用全手工方式完成集体土地所有权、建设用地使用权、宅基地使用权、房屋所有权、土地承包经营权、农用地使用权、林权、海域、无居民海岛使用权及构（建）筑物所有权、取水权、探矿权、采矿权等登记管理的，需要搜集全部的纸质登记簿册以及原执行的技术规程。

二、规范化梳理

（一）无效数据清理

对于无效数据主要在原不动产登记资料中逐项检查，把已注销的权利在登记簿中、权籍图中进行标注剔除，并把相应的信息转入档案库管理。档案库管理现遵循原不动产登记的档案管理要求。

（二）梳理内容与结果

1. 梳理内容

对原不动产有效登记信息进行梳理，主要解决三个方面的问题：①解决同名异质和同质异名的问题，实现全部不动产登记信息不存在语义不一致的描述。②解决数据类型、小数点位数和数量单位不统一的问题，实现在同一个县级行政区域内，同一类不动产登记的数据类型完全一致。③解决在一个具体的地理范围内坐标参考不一致的问题，实现相同比例尺下同一地理范围内空间参考一致。同时，按照不动产登记簿需要记载和公示的内容要求，对缺漏的信息进行补充完善。

2. 梳理结果

（1）空间信息

①对于集体土地所有权、国有建设用地使用权、集体建设用地使用权

以及宅基地使用权等，包括地籍区、地籍子区以及宗地的空间信息；②对于房屋登记，包括街道、街坊、板块、丘、幢等空间信息，空间参考和对应的国有建设用地使用权一致；③对于土地承包经营权登记，包括承包地块信息，空间参考应保持和集体土地所有权或集体建设用地使用权一致；④对于农用地使用权、林权、取水权、探矿权、采矿权等，包括宗地信息，空间参考应保持和集体土地所有权或集体建设用地使用权一致；⑤对于海域、无居民海岛使用权及构（建）筑物所有权，包括地籍区、地籍子区以及宗海（含无居民海岛）的空间信息，空间信息以经纬度方式表示。这类信息采用指定的空间数据格式分别存储。

（2）原不动产登记簿信息

包括原不动产登记簿的属性描述信息和附图扫描文件。以原不动产登记单元为单位，属性采用电子化方式描述和存储，属性结构原则上采用数据库框架设计中规定的属性表结构，也可采用原不动产登记数据库标准中规定的属性结构。

（3）原不动产登记档案

包括原办理不动产登记的受理、申请、审批，以及地役权、抵押权、异议登记、查封登记、预告登记的登记档案数据库和对应的核心数据描述项。有条件的地方应建立原不动产登记信息档案数据库，并通过业务号或原不动产单元号建立与原不动产登记簿的关联关系。

（三）逻辑关系重建

1. 关联重建内容

将不动产权利和基于权利设定抵押权、地役权，或者发生预告登记、异议登记、查封登记情况的，依据原有的不动产登记单元编号进行关联，形成原不动产登记簿。

在建立登记簿时尽量不使用编码来表述，使用规范化业务语言描述。同时通过原有的业务号将原不动产登记簿和原不动产登记档案进行关联。通过原不动产登记单元编号将原不动产登记簿和其对应的空间对象进行关联挂接。在逻辑关系重建后，进行全面的信息复核。

2. 重建结果

逻辑关系重建后形成如下三类信息：

第一，与原不动产登记簿进行关联的空间信息。

第二，以原不动产单元为中心的不动产登记簿。

第三，与原不动产登记簿进行关联的不动产登记档案。

三、数据整理

（一）空间数据整理

1. 空间数据参考系统一

根据不动产统一登记数据库标准，确定各类专题数据的空间参考系，并检查各类原始数据的空间参考系，对不符合的数据统一进行参考系转换。转换时需当地测绘主管部门提供各类原始数据参考系与标准参考系之间的转换参数。

2. 空间数据图层整理

根据不动产统一登记数据库标准，对比原始各类专题数据，重新划分专题、整理各图层名、图层属性结构。对于部分有相关外挂属性表的权利信息，还需考虑建立外挂属性表与空间数据属性表之间的关联关系。

（二）登记簿册整理

登记簿册整理主要包括以下五个方面的内容。

1. 各类土地所有权及使用权登记簿册

整理各类土地所有权和使用权登记的信息，根据不动产登记数据库标准中各类权利图层的标准属性结构，确定需要保留的属性字段。同时，整理相关扩展属性信息。

通过保留属性字段中的关键字段，如"宗地编号"建立登记簿册与对应的各专题数据空间信息关联。

通过关键字段，如"宗地编号"关联整理相应的地役权、抵押权、查封登记、异议登记的信息。

通过关键字段，如"宗地编号"建立登记簿册与权利人信息关联。

2. 房屋所有权登记簿册

整理楼盘表的信息，包括逻辑幢、层、户的信息，需要根据不动产登记数据库标准中房产部分的标准属性结构，确定需要保留的属性字段。

整理房地产权信息，主要是房地产权登记信息，并根据数据库标准中对于项目内多幢、独幢或共有部分所规定不同属性结构确定保留属性字段。

通过自然幢号建立与对应的空间信息关联。

通过房屋编号或建（构）筑物编号关联整理相应的地役权、抵押权、查封登记、异议登记以及预告登记的信息，并根据数据库标准中对于各种权利信息所规定的不同属性结构确定保留的属性字段。

通过房屋编号或建（构）筑物编号建立与权利人信息关联，并根据数据库标准确定需保留的属性字段。

3. 林权登记簿册

整理林权登记的信息，根据数据库标准中各类权利图层的标准属性结构，确定需要保留的属性字段。同时，整理相关扩展属性信息。

通过宗地编号建立与对应的空间信息关联。

通过不动产权证号关联整理相应的地役权、抵押权、查封登记、异议登记的信息，并根据数据库标准中对于各种权利信息所规定的不同属性结构确定保留的属性字段。

通过不动产权证号建立与权利人信息关联，并根据数据库标准确定需保留的属性字段。

4. 取水权登记簿册

整理取水权登记的信息，根据数据库标准中各类权利图层的标准属性结构，确定需要保留的属性字段。同时，整理相关扩展属性信息。

通过宗地编号建立与对应的空间信息关联。

通过不动产权证号关联整理相应的地役权、抵押权、查封登记、异议登记的信息，并根据数据库标准中对于各种权利信息所规定的不同属性结构确定保留的属性字段。

通过不动产权证号建立与权利人信息关联，并根据数据库标准确定需保留的属性字段。

5. 海域（含无居民海岛）登记簿册

整理宗海信息，根据数据库标准中各类权利图层的标准属性结构，确定需要保留的属性字段。同时，整理相关扩展属性信息。

整理海域（含无居民海岛）使用权登记信息，并根据数据库标准中对于海域使用权信息所规定的不同属性结构确定保留的属性字段。

构（建）筑物所有权登记信息，并根据数据库标准中对于构（建）筑物所有权信息所规定的不同属性结构确定保留的属性字段。

通过不动产权证号关联整理相应的地役权、抵押权、查封登记、异议登记的信息，并根据数据库标准中对于各种权利信息所规定的不同属性结构确定保留的属性字段。

通过不动产权证号建立与权利人信息关联，并根据数据库标准确定需保留的属性字段。

（三）历史档案整理

不动产登记历史档案通过对原不动产登记的业务处理过程数据进行整理产生，按原不动产档案管理的要求建库，并通过宗地号、原不动产权证号、业务号、档案编码等信息建立与空间信息、不动产登记簿的关联关系。

四、信息落宗

将整合后的空间数据和非空间数据进行关联，形成用宗地编号把宗地与不动产单元进行关联，用不动产单元编号把不动产与不动产权利关联，用业务号实现不动产权利与登记过程的关联，最终形成空间数据、非空间数据关联、历史信息和现状信息清晰完整的不动产登记信息。

五、质量检查与入库

根据不动产登记相关标准和规范，对完成清理整合后的不动产登记数据进行质量检查，确保数据的准确性。检查内容包括如下几个方面。

第一，数据一致性检查：对完成清理、落地后的房屋数据进行一致性检查，确保数据库数据、电子档案数据、档案数据的准确关联和内容一致。

第二，数据完整性检查：对数据的完整性进行检查，确保整理后的数据能满足不动产登记的日常业务需求。

第三，数据唯一性检查：对数据的唯一性进行检查，确保楼盘表与业务登记的唯一关联。

第四，数据准确性检查：对数据库的准确性进行检查，确保清理后数据的准确。

将整理后的不动产登记信息按照不动产登记数据库标准进行数据组织、编码、入库，并生成不动产登记元数据，对成果数据进行格式转换与数据组织，完成成果上报与汇交工作。

第八章 不动产登记信息管理系统设计

建立不动产登记信息管理系统，实现不动产审批、交易和登记信息在有关部门间依法依规互通共享，消除"信息孤岛"。不动产登记信息管理系统以计算机硬件与网络通信技术为依托，以不动产登记信息化标准和安全体系为保障，以国土、房产、林业、草原，海域等各类的登记、空间、档案数据库为基础，以不动产登记业务流程为主线，通过不动产登记信息管理系统提供的各类服务和接口支撑，建立面向不动产登记的数据管理系统、业务管理系统和档案管理系统。

第一节 不动产登记数据库管理系统

一、系统总体设计

不动产登记数据库管理系统的建成能对不动产数据进行梳理、重组、合并、加工，并能将处理、加工好的数据按照统一的要求入库和管理，实时地调阅出指定条件的各类不同专题数据，提供业务数据的查询、统计分析、定位等数据处理工具。为不动产登记信息发布系统、业务管理系统、三级监管系统、信息公示系统、监管平台提供数据支撑。

二、系统功能设计

（一）数据转换工具

不动产登记的基础数据包含房产、土地、权利和权利人登记、历史档案等多种专题数据，这些数据来源于不同的部门，不仅数据格式各不相同，其组织形式、空间参考系等可能均不相同。在数据正式入库之前，需要大量的数据整合工作，空间数据空间参考系和格式的整理是其中非常重要部分。

根据实际入库的数据情况，提供相关数据转换工具，包括坐标系转换工具、数据投影转换工具、数据格式转换工具等。

在数据整合阶段需要根据数据库标准为空间数据选择统一的空间参考系，并利用坐标系转换工具和数据投影转换工具对数据进行转换，将它们统一到相同的空间参考系上，方便数据的统一入库和调阅。而数据格式，则由数据整合人员根据实际情况进行选择，可以在数据入库之前先利用数据格式转换工具对组织形式和数据格式进行整理转换，也可以在数据批量上载时直接进行上载入库。

（二）数据整合入库功能

1. 数据库初始化

用于规定不动产数据在数据库中的分层结构、实体结构、物理存储结构、可选的数据库间连接关系配置（用于数据交换）、元数据库实体结构等。

2. 数据整合工具

不动产数据包含土地、房产、海域、林业等各种业务专题数据，这些数据的数据格式，组织模式各不相同，甚至一些数据已经是其他业务系统的成果数据。提供专业的数据整合工具，供建库单位进行各种业务数据的格式转换、组织模式修改、专题组织修改等整合工作。以最终形成能够为不动产登记数据库管理系统所管理的业务基础数据。

3. 数据检查

提供数据检查工具对待入库的数据进行检查，确保入库数据的完整性和正确性。

4. 数据批量入库和更新

支持本地和远程方式的、交互式或批量的数据入库；在加载数据的同时还要更新元数据库，并提供元数据管理工具以满足元数据编辑、查询统计和输出的需要；开发基于商业数据库的分布式管理工具，实现同构的上下级系统之间数据的自动更新；开发基于GML的空间数据访问中间件，实现异构的上下级系统之间数据的手动或自动更新。

（三）不动产数据编辑

第一，楼盘表属性修补工具。能够对导入的测绘成果数据进行属性修改和补充。

第二，调查登记属性修补工具。能够根据不动产登记档案，对初始建库时缺失的申请表、调查表、簿证信息进行补充完善。

第三，不动产单元编号工具。能够根据不动产单元编号规则，对房产、林草、土地等不动产单元进行统一编号。

第四，不动产单元变更工具。提供各类不动产单元的分割、合并、新增、删除等图形和属性变更工具。保障变更前后的拓扑正确性和自维护属性的规范性，同时记录变更历史。

第五，房屋宗地关联工具。通过属性搜索和交互查询，实现制定房屋(幢)与宗地的关联，同时更新房屋层的不动产单元编号。

（四）不动产查询统计功能

1. 不动产综合查询

提供强大的不动产数据查询功能，能够实时查询不动产相关信息，如土地专题信息、房产专题信息、经营权专题信息、不动产登记信息，查询结果能够以统计图、统计表的形式展现。

2. 综合统计分析

能够对指定行政区划或者自定义区域实现范围内所有不动产单元数据的分类统计，输出常用的汇总统计表。

（五）不动产图形制图打印

1.GIS 图件输出

自动生成标准分幅的地形图、宗地图，或一定比例尺及一定范围的地形图、宗地图等，并可进行图形整饰；能采用多种方式（Windows 输出、光栅化处理输出或 Postscript 制版输出）输出各种图件。

2. 其他图形输出

对用户指定的不动产单元，输出附件库里存储的 CAD 等格式的图件。

（六）数据中心维护功能

集成国土资源数据中心管理系统中的维护工具，提供数据分发、备份、恢复和安全审计等功能。

三、与其他系统的接口设计

不动产登记数据库管理系统作为整个不动产登记管理平台的数据管理基础，需要为其他所有系统留好接口，方便其他系统随时调阅指定数据、调阅数据分析等。如信息发布系统和信息公示查询系统通过数据服务接口调用管理系统中所管理的各种业务数据进行实时服务的发布共享；其他系统则分别通过接口访问服务访问系统所管理的各类数据库。

第二节 不动产登记信息发布系统

一、系统总体设计

不动产登记信息共享服务涉及三个方面：

第一，不动产登记信息管理平台需要获取房屋、土地、承包经营权登记等历史数据。

第二，不动产登记只涉及登记部分，登记过程中需从相关部门获取前置数据。

第三，相关部门需获取不动产登记成果，作为其行业管理和交易监管的基础数据。

二、系统功能设计

（一）数据服务发布

数据发布模块支持 OGC 标准的数据发布，并支持平台数据服务的共享交换。需要发布的数据，经检测合格后，将读取到企业管理器中，之后再通过数据发布模块将符合数字城市地理空间框架发布要求的数据发布成数据服务，并进行数据服务交互，最终实现平台的数据发布、共享。

（二）共享交换

共享服务平台发布的数据服务的终极目标即通过服务的共享交换为各类用户提供各类服务，满足不同层次的用户应用。共享交换实现数据在不同部门间、不同节点间的交换。共享交换采用集中交换和分布式交换相结合的交换模式；支持空间数据、地址表格数据的在线托管发布和服务交换；支持在线数据更新、维护；支持数据文件上传和下载；支持分中心、分节点的数据更新和同步。

（三）数据调阅服务

数据调阅服务具有常用的空间操作和分析功能，如放大、缩小、移动、点缓冲区分析、线缓冲区分析、多边形缓冲区分析、路径分析、多边形裁剪分析；能够调阅查看数据并进行二三维场景的切换查看。

（四）查询定位及统计分析服务

1.不动产登记信息查询

全文检索：实现面向不动产权利人的快速查询；实现某一特定不动产单元所有不动产登记信息的快速查询。

不动产登记综合查询：实现不动产抵押权、查封登记、预告登记、异议登记、地役权登记信息的综合查询。

2.不动产登记情况分析

不动产登记日常情况统计：按省、市、县级别对一定时间段内特定行政区划范围内的不动产登记数量、登记发证数量、登记面积进行汇总统计。

年、月、日登记量，发证量统计汇总：按年、月、日对不动产登记数量，不动产登记发证量进行统计汇总，并提供变化趋势图分析。

不动产登记类型统计：实现首次登记、变更登记、转移登记、更正登记、抵押登记、查封登记、预告登记、异议登记、地役权登记等不动产登记类型的汇总统计。

三、与其他系统的接口设计

（一）Internet 瓦片数据共享接口

第一，WMTS 接口（切片地图服务 Web Map Tile Service）。图块资源（对面向过程架构风格下 GetTile 操作的响应）。图块资源表示一个图层的地图表达结果的一小块。

要素信息（FeatureInfo）资源（对面向过程架构风格下 GetFeatureInfo 操作的响应）。该资源提供了图块地图中某一特定像素位置处地物要素的信息，与 WMS 中 GetFeatureInfo 操作的行为相似，以文本形式通过提供比如专题属性名称及其取值的方式返回相关信息。

第二，实现方式：OGC 标准—切片地图服务（WMTS）。

（二）WFS 属性调阅与查询共享接口（网络要素服务：Web Feature Service）

实现方式：OGC 标准——网络要素服务（WFS）。

（三）WPS 空间信息分析共享接口（WPS：地理空间数据处理服务）

下面列出了目前常用的几种空间分析操作：①点缓冲区分析；②线缓冲区分析；③多边形缓冲区分析；④路径分析；⑤多边形裁剪分析。

实现方式：OGC 标准地理空间数据处理服务（WPS）。

第三节 不动产登记业务管理系统

一、系统总体设计

登记管理是不动产登记局的核心业务，其主要业务是依照国家法定程序将不动产的权属关系，用途、面积、使用条件、等级、价值等情况进行登记，代表国家为不动产单元的权利人颁布房产的不动产产权证及不动产证明，实现不动产对权利人的权属关系。

系统要求的以图管地、以图管房思想，在宗地（宗海）及楼盘表上开展各项登记业务，主要包括首次登记、转移登记、变更登记、他项权登记、其他登记等几大类；能实现权证配图自动套打；能实现档案影像化流转功能；楼盘表能清晰地反映不动产的各种状态，能以图形直观展示。同时系统需实现从收件开始到发证为止的整个流程功能，以及基于各业务模块产生的中间数据和最终的产权产籍档案，实现数据监控和分析功能，对数据的产生、异动和灭失进行监控与分析，为市场预警机制的建立和决策分析系统的实施奠定数据基础。

二、系统功能设计

（一）业务办理箱设计

业务办理箱主要分为待办箱和已办箱，用户还可以新建自定义业务箱。

1. 待办箱

待办箱显示等待办理的业务。

用户可在待办箱列表中查看每个项目的当前办理节点，并进行案卷继续办理以及案卷的流转移交。

待办箱也支持用户进行案卷状态的筛选、案卷的条件搜索。

2. 已办箱

已办箱可以查询已经办理过的案卷，提供案卷详情浏览、案卷查询、案卷撤回重办等功能。

（二）不动产登记流程设计

工作流定制：提供《不动产登记暂行条例》中规定的所有业务类型，

能够根据本地不动产登记业务管理实际，灵活定制各类不动产权利类型与登记类型的申请受理、审核、登簿、缮证、归档等业务流程。充分理解不动产登记业务，对不动产登记的设立、变更、转移、预告、更正、异议、注销等登记都有完善的流程设计。

（三）登记收件和受理

1. 登记收件

登记收件时，需要录入或者导入基本的收件信息，并创建唯一的案卷编号。同时进行收件审核，确定是否予以受理。

登记收件时，能够根据宗地号或者原证书的二维码读取原证信息，收件人员可以直接浏览到相关登记记录，包括该宗地上的房屋、土地、林草等不动产单元的登记情况；能够在同一个页面进行信息土地和房产登记信息的录入，实现房产、土地流程合一，统一受理。

登记收件功能需进行业务受理逻辑控制，不动产登记信息管理平台在正式办理登记之前即可查询不动产登记单元或不动产登记权证的有效性，验证是否可办理、是否存在查封抵押、是否有业务正在办理等情况，一旦有不合理情况，系统能进行提示。

2. 资料输入

资料的输入能够根据不同登记事项自动提取对应的必需收件材料，能够提供用户收件材料查看窗口，能够结合现有各行业热门的身份证扫描仪、二维码识别、电子签章等技术，提供用户身份证信息快速读取接口，能够根据前置库获取的楼盘信息，建立虚拟的楼盘表，以此为载体，挂接案卷，能够根据楼盘表查询不动产的相关业务、权属等信息。

3. 登记受理

业务办理：采用工作流驱动的 OA 办公审批系统，全面覆盖不动产登记的所有业务，集成 CA 认证、电子签章、二维码扫描、身份证扫描等技术，为不动产登记全流程提供服务，实现不动产登记日常业务的网络化、透明化、柔性化和规范化管理。

楼盘表管理：系统根据楼盘实际规划与布局，具体到每一栋、每一层、每一户，建立虚拟的楼盘表，通过简单的选择点击，就能将房地属性、业务状态、权利信息、办理记录一一呈现。

（四）审核审批

提供科学合理的审核审批流程，且在审批过程中能够查看审批案卷的相关办理信息、附件材料信息、图形信息。

（五）收费环节

案件移交到收费节点后，收费人员根据单据核对费用和缴费人信息，打印业务收费清单，并收取费用。

能够进行收费项目配置、收费标准配置，能够根据收费项目和标准自动计费，并能够打印收费单。

（六）登记成果

在登记过程中输出满足《不动产登记暂行条例》《不动产登记簿证样式（试行）》等国家法律法规所要求的不动产登记簿、不动产权证书、不动产登记证明、不动产登记申请审批表等。

能够以WebGIS端展示各种登记成果，及不动产登记业务办理过程。

内置不动产登记证件表格模板，能自动生成权证、登记簿等，所有的表证模板支持调整，能根据地方特色进行自由定制。支持权证及配套材料单个或批量打印输出，能实现权证套打输出。相关成果可批量输出为PDF文本，如果PC机连接了打印机、放置了套打模板，可直接打印成册。

三、与其他系统的接口设计

登记业务管理系统与其他外部系统存在各类业务访问接口，如登记业务管理系统既提供登记数据给新建商品房网上备案子系统和存量房网上备案子系统，又需要从以上两个子系统中获得合同数据，所以需要登记业务管理系统提供相应的数据访问接口供其他业务系统调用，还需要提供可以访问其他业务系统数据的接口，以采集关联数据，方便业务处理。需处理好登记业务管理系统与其他各业务系统及相关支撑软件与房产相关系统之间接口。

第四节 不动产登记三级联动监管系统

一、三级联动技术路线

系统在一定的网络环境中，通过采用省、市、县三级数据更新机制，实现全省不动产登记成果数据实时或定期汇交到省级数据库和市级数据库中，建立不动产登记信息动态监管查询系统。其中省级部分主要目的是实现全省不动产登记信息监管功能，实现对不动产登记行为、登记进度、抵押融资情况等多方面进行监管；市县级部分则旨在进行数据的上报，主要实现增量数据检查、增量数据上报等功能。

第一，增量数据检查功能：实现对县级上报增量数据库的检查，检查通过更新到省、市级数据库。对检查未通过的，返回县级修改。

第二，增量数据上报功能：实现县级增量数据上报省、市级数据库，达到省、市、县三级数据库同步更新的目的。

二、功能设计

（一）市县数据上报

市县数据上报主要有以下三种方式：

1. 增量更新包方式

将增量信息按照要求生成增量更新包并上报。具备条件的地方应优先采用第一种方式上报。

2. 标准格式数据库方式

将整个数据库导成标准格式上报。不具备第一种上报条件的地方，采用第二种上报方式。

3. 原始数据库上报

确实不具备第一种、第二种上报条件的地方，采用第三种方式直接整体上报原始数据库。

（二）省级数据监管

省级不动产登记信息监管模块，可对不动产登记信息实施各项监管功能，如总监管、规范性监管、效能监管、重点监管、入库日志查询等。

其中总监管涵盖所有监管项，包括使用年限的监管、业务逻辑性监管、登记资格监管等各项内容，确保登记信息的准确性；效能监管是指权利人在充分授权下对各级管理者及其领导组织的勤政和能政情况进行考察与整改的行政监察，通过该功能可使得权利人和管理者能够清晰地看见不动产登记的办理进度。

不动产实行登记"一键监管"机制。利用一键监管模式，用户只要输入所关心内容的关键字，如土地坐落、权利人名称等信息，系统快速将该用户权限范围内的所有不动产登记信息以列表的形式展现出来，同时用户还可以对查询结果进行二次查询过滤，方便用户进行全局监管管理。

第五节 不动产登记档案管理系统

一、系统总体设计

不动产登记档案管理系统依据国土资源档案管理规范和建库要求，采用先进的计算机技术，将不动产登记过程中所有档案资料进行数字化集中管理，一方面将现有档案，包括各种纸质档案、照片档案、声像档案等进行数字化处理；另一方面自动集成所有的电子化材料生成完整的电子档案，包含收件材料、扫描材料、申请审批材料、图形信息、图表卡材料、批复材料等，实现电子档案接收、档案资料著录、整理加工、检索利用、档案编研、档案鉴定、数据统计等功能；并设计接口与内部电子政务平台或者不动产登记业务管理系统紧密衔接，完美实现图、属、档一体化管理（将"一张图"和电子政务审批信息直接与归档案卷关联，实现由图查档，由档看图），实现电子档案资料的实时归档、网上移交以及查询利用等。

二、档案数字化建库功能设计

（一）图像处理

1. 图像数据质量检查

对图像完整度、偏斜度、清晰度、失真度等进行检查。发现不符合图像质量要求时，应重新进行图像的处理。

2. 纠偏

对出现偏斜的图像应进行纠偏处理，以达到视觉上基本不感觉偏斜为准。对方向不正确的图像应进行旋转还原，以符合阅读习惯。

3. 去污

对图像页面中出现的影响图像质量的杂质，如黑点、黑线、黑框、黑边等应进行去污、去线孔等处理。处理过程中应遵循在不影响可懂度的前提下展现档案原貌的原则。

4. 图像拼接

对大幅面档案进行分区扫描形成的多幅图像，应进行拼接处理，合并为一个完整的图像，以保证档案数字化图像的整体性。

5. 裁边处理

采用彩色模式扫描的图像应进行裁边处理，去除多余的白边，以有效缩小图像文件的容量，节省存储空间。

图像处理后保证图像信息与原档案内容完全一致，不删除页面任何有用信息，包括正文内容、页眉、页脚、手写注释和印鉴等。扫描的页面内容基本居中显示，不得出现明显偏左或偏右的现象。不准出现页面内容残缺或将其他页面信息扫入本页的现象。

（二）图像存储

数字化不动产档案一般采用 PDF 格式存储，以文件为单位生成 PDF 文件，一个文件对应一个 PDF 文件，一份案卷对应一个或多个 PDF 文件。一个项目、工程、案卷分别对应一个文件夹，一个项目文件包括一个或多个工程文件夹，一个工程文件夹包括一个或多个案卷文件夹，一个案卷文件夹包括一个或多个 PDF 文件。

纸质档案目录数据库中的每一份文件，都有一个与之相对应的唯一档号，以该档号为这份文件扫描后的图像文件命名，或以文件在案卷中的顺序号命名。

（三）数据挂接

实现档案数字化转换过程中形成的目录数据库与扫描件的挂接。

以纸质档案目录数据库为依据，将每一份纸质档案文件扫描所得的一个或多个图像存储为一份图像文件。将图像文件存储到相应文件夹时，要认真核查每一份图像文件的名称与档案目录数据库中该份文件的档号或者文件顺序号是否相同，图像文件的页数与档案目录数据库中该份文件的页数是否一致，图像文件的总数与目录数据库中文件的总数是否相同等。通过每一份图像文件的文件名与档案目录数据库中该份文件的档号的一致性和唯一性，建立起一一对应的关联关系，为实现档案目录数据库与图像文件的批量挂接提供条件。

三、不动产登记档案管理系统功能设计

（一）数据录入

提供档案数据录入基本功能，能够录入已经扫描的老档案资料，将其

自动提取为PDF格式并维护相关属性，亦能够直接接收由不动产登记业务数据库管理系统中流转过来的档案，还能够接收前面的档案数字化加工工具的加工成果。

（二）整理编目

根据业务大类、保管期限、案卷号等条件搜索档案，同时可进行档案预览及打印。

可将搜索结果合成一个Excel文件及一个PDF文件，用于批量生成案卷目录。该目录的样式及每一页显示的记录数可根据档案室用户需求进行自定义。

（三）检索查询

1. 案卷目录查询

用户可以利用该功能结合档案分类，进行案卷目录查询，并关联到需要查看的档案信息进行浏览和查询。

2. 卷内目录查询

用户可以利用该功能结合档案分类，进行卷内目录查询，并关联到需要查看的档案信息进行浏览和查询。

3. 分类查询

用户可以利用该功能对已经知道的档案进行分类、案卷目录查询，并对关联到需要查看的档案信息进行浏览和查询。

4. 专项查询

该处包括多个专项，有按案卷题名查询，按卷内题名查询、按宗地所有权人查询、按地籍四至查询等。主要考虑方便用户快捷查询。

（四）档案管理

1. 档案著录

系统管理员可以利用该功能进行档案手工录入，档案简单查询，档案资料修改等，可以进行案卷目录的录入修改、卷内目标的录入修改以及电子档案入库。

2. 档案分类著录

该功能与档案著录功能相同，只是将不同的档案分类单独列出，方便档案的著录。

3. 交易系统著录

目前主要考虑实现土地交易系统的半自动归档。

4. 档案修改

管理员使用该功能对档案著录中出现的错误或由于某些原因需要修改的档案数据进行修改。

5. 档案剔除

管理员使用该功能对已经超出保存期限的档案进行剔除，主要是做剔除标识，数据依然保留在系统中。

6. 档案借阅

用户可以通过该功能对需要的档案数据进行借阅。

7. 档案归还

用户通过该功能对借阅使用完毕的档案进行归还。

8. 档案室管理

管理员可以通过该功能设置数字化档案室。

9. 案卷存放设置

管理员通过该功能对数字化后的案卷在数字化档案室中位置进行设置。

（五）档案借阅

档案是国土资源局在登记发证、业务审批等活动中形成的具有一定保存价值的文件和资料，也是国土资源局正常发展不可替代的资产财富。档案管理工作是提高国土资源局工作质量和工作效率的必要条件，也是维护历史真实面貌的一项重要工作。通过档案管理模块的建设，建立了科学的检索方式，实现了档案工作信息化管理，使"死"档案变成了"活"信息，切实强化了管理效果。

第六节 不动产登记公示查询系统

一、系统总体设计

不动产登记公示查询系统是不动产信息管理的核心功能之一，在广域网实现不动产登记信息查询和部分空间信息以及图像数据的浏览服务。它以不动产数据为支撑，实现土地、房屋、林业、草原，海域等登记信息实时对外发布公示功能。系统的数据要求能够及时更新，保证现势性。本系统主要实现如下目标功能：

第一，读取不动产登记的数据，根据信息公示需要从内网不动产登记数据库提取公示数据。

第二，提供不动产登记业务的公众信息 Web 实时公示。

第三，可以对公示的不动产登记信息进行查询。

第四，使用一定的技术手段使用户可以通过普通的浏览器进行地图浏览、查询。

第五，可以对登记有关业务信息进行统计。

第六，按访问权限的不同，分别提供面向不动产登记部门和社会公众的服务信息。

二、系统功能设计

（一）信息公示

通过必要的公示渠道，以不同的表现形式向不同的公示对象根据权限公示不同的内容。信息公示的信息类别包括不动产新闻、政策法规、通知公告，办事指南、各种分析统计信息和相关政策政务信息，还可以根据实际情况增加其他公示内容。系统对各类信息进行集中管理，并将各栏信息分类，以统一的模板发布到网站上，供用户查询。

（二）信息查询

根据业务分析可设计以下四类信息查询功能：

第一，不动产登记簿记载的核实型查询。个人和单位查询房屋登记簿记载信息，核实房屋登记的基本（自然）状况信息，以及是否存在限制、抵押等状态信息。

第二，登记档案资料的凭证型查询。权利人、利害关系人需查询房屋登记档案资料，并复制档案。

第三，按身份信息检索的线索型查询。公安、安全、检查、审判、纪检等部门在侦查、执行、办理案件的过程中，需要房屋登记档案管理机构提供身份信息进行检索的查询。

第四，提供数据库接口信息查询。住房保障、地税、户籍管理、公积金、银行等部门机构，因规范执行有关政策，需查询权利人及家庭成员在行政区划内有无房屋登记信息或登记数量的情况。因查询量巨大，目前多采用提供数据接口方式解决。

（三）信息统计

可以根据不动产登记业务类型、自定义时间段、统计区域、不动产用途等来统计。统计得到的结果包括不动产名称、坐落、四至界线、结构、面积、规划用途、平面图等能够反映不动产客观存在的物理形态，以及不动产物权类型、权利人、权利人身份信息、权属状况、用地性质、土地使用年限、承包期限等能够反映物权归属和物权处分利用方面的内容。针对不同的统计分类，例如变更登记统计在以上基础上提供变更前后信息对照；转移登记统计在上述基础上提供转移前后信息对照、成交价格、评价价格等；预告登记统计在上述基础上提供预告权利人、预告义务人信息；更正登记统计在上述基础上提供更正前后信息对照；异议登记统计在上述基础上提供异议原因信息；注销登记统计在上述基础上提供注销原因。

（四）地图服务

提供基本的遥感影像和二三维地图浏览、地图查询、定位、量算、空间分析、标注、兴趣点查询等地图服务功能，主要功能如兴趣点查询服务、地名地址服务、查询统计服务、元数据服务、地理实体编码服务、缓冲分析、叠置分析、路径分析、裁剪分析、用户标注、距离测量、面积测量、专题制图、打印输出、全屏显示。

三、与其他系统的接口设计

系统预留与其他子系统的接口，无缝调阅其他系统的相关成果，以方便用户查询、统计等。统计分析与信息发布是基于其他子系统，该子系统中的数据是从其他子系统中抽取出来，经过数据整合、挖掘，然后根据一定规则进行分析，最后得到的结果通过接口提供给用户。根据用户的权限级别，响应不同的数据信息。

第七节 不动产登记信息协同与共享服务系统

一、不动产登记信息协同系统

不动产登记信息协同系统将不动产统一登记的结果数据实时共享给授

权的住建、国土、农业、林业等相关协同部门，实现与不动产登记审批、交易部门之间的业务联动，保证结果数据在各相关部门之间的同步与双向联通，避免不动产登记申请人重复提交数据，造成老百姓办事的不便利，同时也提高了政府管理部门日常的办公效率，加强了业务办理结果的准确性，提升了政府形象；本级不动产登记机构向本级住建、农业、林业、海洋等部门提供的共享数据来源于本级登记业务库，本级登记业务库实时同步更新共享库（图8-1）。

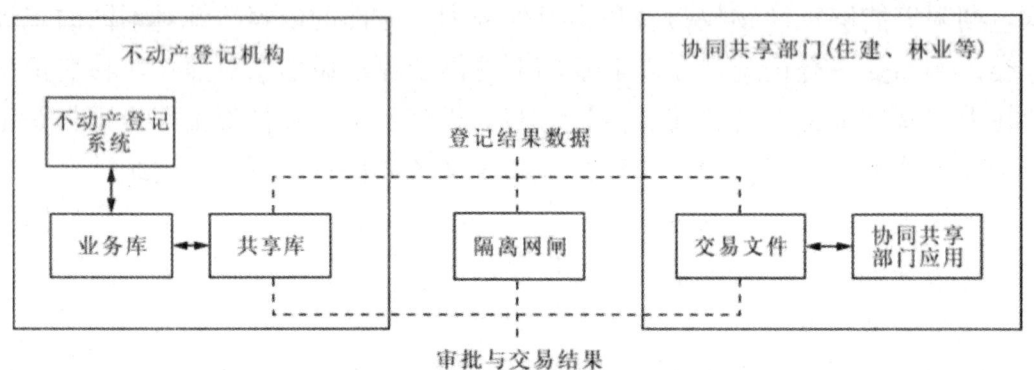

图8-1 各相关部门间协同共享示意图

二、不动产登记共享服务系统

不动产登记共享服务系统遵循OGC标准，采用面向服务构架，利用先进的数据库技术、计算机网络技术，实现了在异构平台环境下的多源空间数据集成共享。面向公安、民政、税务、工商、金融等行业主管部门提供信息共享服务。申请使用部门通过授权的方式，利用前置机上部署的各类访问接口，实现与发证主管部门或不动产数据中心的信息共享，以此满足各行业主管部门对不动产登记信息结果的查询验证需求，并为各行业主管部门的日常管理提供信息综合分析与应用支撑。

（一）目录管理

目录管理是对资源展示的目录结构层次进行设置。对资源数据的灵活组织、重建，以满足各项应用需求。

（二）智能定制

智能定制的主要功能是通过调用用户申请审核通过的数据服务，零代码搭建典型的应用系统功能。

(三)服务资源

服务资源中所展示的图形信息都是平台中已经通过审核发布成功的数据服务。用户可在服务资源列表中找到指定的服务资源,再对该服务提出申请调用。

第九章 不动产综合服务管理

第一节 物业服务管理

一、建筑物管理

建筑物是物业服务的核心对象。传统的房屋管理其主要内容就是建筑物的管理。现代建筑投入大、价值高，功能先进、使用寿命长，在管理上的要求更高。对建筑物管理包括档案资料管理、质量管理和修缮管理三大部分。

（一）物业档案资料的管理

一般建筑物体量大，结构复杂，设施多样。随着科学技术的发展和使用需求的提高，现代建筑工程越来越高科技化和专业化，楼宇设施以及埋入地下和建筑物内部的管线越来越多，越来越复杂，因此一旦发生故障，资料档案便成了维修时唯一的依据。

1. 物业档案资料管理的重要性

第一，物业档案资料的管理是开展物业管理的前提。物业是一个复杂的建筑物有机系统，要发挥其正常的功能，要根据物业的性能、设备设施的设计要求合理使用，常规保养、定期修缮、科学管理。

第二，健全有序的资料档案是提高管理效率的重要条件。

第三，搞好资料档案的管理，有利于提高管理水平，开展评优、创优工作。

2. 物业档案资料的管理内容

物业服务企业确定接管物业后，要对其建设工程文件材料进行交接和整理，建立健全的物业工程资料的档案管理制度。建设工程文件材料主要包括：①基建依据文件；②竣工验收文件；③勘察、设计文件；④施工技术文件；

⑤竣工图纸；⑥声像材料。

3.建立资料档案的方法与要求

物业档案资料的建立主要抓好收集、整理、归档、利用四个环节。资料收集是指从规划设计到工程竣工的全部工程技术资料，从地下到楼顶、从主体到配套、从建筑物到环境，整理力求真实可靠。归档就是根据资料本身的内在规律、联系进行科学的分类与保存，并在日后的管理过程中使用并加以充实，具体包括组卷和编目两项工作。

（二）房屋质量管理

1.房屋完损等级的评定

（1）房屋完损等级

房屋的完损等级就是房屋的质量等级，其划分的依据是各类房屋的结构、装修和设备。房屋的结构是指基础、承重构件、非承重墙、楼地面、屋面等；房屋装修是指门窗、墙的内外饰面、顶棚、细木装修等；房屋设备是指水、电、照明、空调和一些特殊设备（消防、电梯、水泵、监视器等）等。其他的房屋组成部分如烟囱、楼道、天台等，可自行决定归并到某一部分。房屋的完损等级划分为五类，即完好房、基本完好房、一般损坏房、严重损坏房和危险房。

（2）房屋完损等级的评定

房屋完损等级评定是指对房屋的使用状况进行安全程度的检查和满足使用功能方面的质量评定，为房屋的使用、管理、维护和修缮提供科学的依据。房屋完损的等级，反映了房屋质量的好坏，它是根据房屋各个组成部分的完损程度来综合评定的。

（3）计算房屋的完好率

通过房屋的完损等级的评定，可计算房屋的完好率，即完好房、基本完好房的面积之和，占总物业面积的百分比。房屋完好率的高低，既反映了房屋的质量等级，也反映了物业服务公司的房屋管理水平。

房屋完好率 =（完好房 + 基本完好房）面积 / 房屋总面积

（4）危房管理

所谓危险房屋，即结构已严重损坏或承重构件已属危险构件，随时有可能丧失结构稳定和承载能力，不能保证居住和使用安全的房屋。房屋危险程度的划分，是一项技术强、责任重大的工作，一定要根据房屋构件损坏范围大小、变形和损坏程度及对周围环境和整个房屋的危险程度而定。

一般情况下将危房划分为以下三种：整幢危房、局部危房和危险点。整幢危房是指房屋结构大部分均有不同程度的损坏，已危及整幢房屋的安全，整幢房屋随时有倒塌的可能，无维修价值。局部危房是指房屋构件大部分结构尚好，只有局部结构损坏，一旦发生事故，整幢房屋无太大影响。只要排除局部危险，就可继续安全使用。危险点是指房屋某个承重构件或某项设施损坏，但对整幢房屋结构未构成直接威胁。

危房管理工作主要有危房的排查、危房的鉴定、确定解危办法、监督检查排险工作等。

（5）装修管理

房屋装修指房屋已建设完成，业主办理收楼手续后，在正式入住前，根据其个性化需求，对房屋进行重新设计、分隔、装饰、布置等。房屋装修还指房屋使用相当一段时间或权属变更，或非业主使用人调换后，往往又要将原来的装修推倒，按自己的意愿进行房屋的重新修缮。习惯上人们常称之为"二次装修"。装修管理是指在房屋建筑物的管理中，对业主权属范围内的修缮行为进行规范管理，以确保物业内及公共部位、公共设施安全的物业服务管理。

2. 房屋维修施工管理

（1）房屋维修施工管理的含义

房屋维修施工管理，是指按照一定施工程序、施工质量标准和技术经济要求，运用科学的方法对房屋维修施工过程中的各项工作进行有效、科学的管理。由于房屋维修施工的方式有自行完成、发包完成两种，维修施工管理的任务、方法和要求也不同。维修施工管理依据是建设部颁发的《房屋修缮工程施工管理规定》。

（2）房屋维修施工工程的种类

第一，小修工程是指对房屋轻度损坏及时修复，保持房屋原来的完损等级为目的的日常养护工程，且综合年均维修费用为所管房屋现时造价的2%以下。

第二，中修工程是指需要牵动或拆换少量主体构件，但保持原房屋的规模和结构的工程,其一次维修费用在该建筑物同类结构的新建造价的20%以下。中修工程主要适用于一般损坏房屋,中修后的房屋70%以上必须符合基本完好或完好的标准要求。

第三,大修工程是指需要牵动或拆换部分主体构件的工程,其一次维修费用在该建筑物同类结构的新建造价的25%以上。大修工程主要适用于严重损坏房屋,其大修后的房屋必须符合基本完好或完好标准的要求。

第四,翻修工程是指原来的房屋需要全部拆除,另行设计,重新建造或利用少数主体构件在原地或移动后进行更新改造的工程。这类工程具有投资大、工期长的特点。由于翻修工程可尽量利用原房屋构件和旧料,因此其费用应低于该房屋同类结构的新建造价。一般翻修后的房屋必须达到完好房屋的标准。

第五,综合维修工程是指成片多栋或面积较大的单栋楼房大部分严重损坏而进行有计划的成片维修和为改变成片(栋)房屋面貌而进行的维修工程,也就是大修、中修、小修一次性应修尽修(全面修理)的工程。维修工程应根据各地情况、条件,考虑一些特殊要求,如抗震、防灾、防风、防火等,在维修中一并解决。其竣工面积和数量在统计时可不单独列出,可计入大工程项目中,经过综合维修后的房屋应达到基本完好或完好房的标准。

(3)维修施工管理的内容

维修施工管理主要是计划管理和工程程序管理两类。

计划管理,就是要根据维修任务编制好年度计划,同时根据年度计划和施工任务的情况,编制月、季施工作业计划,把各项工作都纳入计划管理的轨道,这样可以使房屋维修工作有条不紊地进行。

工程程序的管理,就是对于大、中修及更新改造工程要坚持按施工程序施工,使各工序统筹安排,合理交叉;同时还要进行施工组织设计,统筹规划,科学组织施工,建立正常的生产程序,充分利用空间、时间,推广采用先进的施工技术等。

3. 房屋维修的责任管理

房屋维修的责任管理是指依据国家和地方的有关规定和物业管理合同的相关约定,明确房屋维修的责任及其费用的承担的管理工作。

根据房地产商品的特点,新建的房屋有一定的保修期,并且房屋内的

不同部分、不同设备的保修期也不同,因此,房屋维修责任可分为两种情况:

(1)在保修期内

新建房屋,自其竣工验收合格到保修期满前,由建设工程施工单位负责房屋的质量保修。所谓建设工程质量保修,是指建设工程竣工验收后在保修期限内出现的质量缺陷(或质量问题),由施工单位依照法律规定或合同约定予以修复。其中,质量缺陷是指建设工程的质量不符合工程建设强制性标准以及合同的约定。建设工程实行质量保修制度,是《中华人民共和国建筑法》确立的一项基本法律制度。《建设工程质量管理条例》则在建设工程的保修范围、保修期限和保修责任等方面,对该项制度做出了更具体的规定。

(2)保修期满后

保修期满以后,应由业主或非业主使用人承担房屋的维修责任,并承担相应的费用。同时,业主或非业主使用人与物业管理企业,应就不同情况明确各自的责任。

二、物业设备管理

(一)设备运行与保养管理

1. 设备接管验收

设备验收工作是设备安装或检修停用后转入使用的一个重要过程,把好这一关,对日后的管理和使用有着很重要的意义。因此,在进行房屋设备设施的运行管理和维修管理之前,首先要做好房屋设备的接管验收工作,接收好房屋设备的基础资料。

接管验收不仅包括对新建房屋设备的验收,而且还包括对维修后房屋设备的验收以及委托加工或购置的更新设备的开箱验收。

房屋设备的第一次验收为初验,对发现的问题应商定解决意见并确定复验时间。对房屋已经复验仍不合格的应限定解决期限。对设备的缺陷及不影响使用的问题可作为遗留问题签订协议保修或赔款补偿。这类协议必须是设备能用,且不致出现重大问题时方可签订。验收后的验收单与协议等文件应归档保存。

2. 设备设施的日常性维修保养

房屋设备设施的日常性维修养护管理是指物业管理企业对房屋设备设施进行日常的常规性保养和日常巡视、检查、修理,以排除运行故障。房屋设备设施日常性维修养护分为日常巡视修护和定期检查保养两方面，可分别规定日常巡视范围和定期检查项目。一般来说日常巡视侧重易出现故障的部位和薄弱环节；定期检查则侧重操作系统易损、易磨、易动等的部位和操作步骤。房屋设备的日常性维修保养工作量虽小，但关系到业主用户使用是否便利、正常，这是一项服务性很强的工作。物业管理企业必须精心养护并及时修理，以使设备正常运行发挥使用功能。

3. 预防性计划维修保养

为延长设备设施的使用寿命，防止意外损坏而按照预定计划进行一系列预防性设备修理、维护和管理的组织措施与技术措施叫作预防性计划维修保养制度。实行预防性计划维修保养制度可以保证房屋设备设施保持正常的工作性能，防止设备设施在使用过程中发生不应有的磨损、老化腐蚀等状况，充分发挥设备潜力和使用效益，正确掌握设备设施状况，提高设备设施运转效率；实行预防性计划维修保养制度，可以延长设备的修理间隔期，降低修理成本，提高维修质量。实行预防性计划维修保养制度，还可以保证房屋设备的安全运行，也是延长设备设施使用寿命、树立物业管理企业良好形象的保证。

（二）设备的维修与更新

1. 物业设备的维修

（1）维修的分类

一般可分为设备设施大修工程、中修工程、更新与技术改造工程和日常零星维修保养工程。

（2）设备维修的责任

设备的维修责任要视具体情况分析，明确责任所在。在设备运行的早期，设备运行有相当时间的保质保养期，这种情况，应由原厂家负责维修保养；一般情况下由物业公司工程部负责或由当班的工程师负责，其费用应由房屋维修基金或业主的管理费中的设施保养费用预算中支付。

2. 物业设备的更新与改造

物业设备的使用寿命可分为技术寿命和经济寿命。技术寿命是指设备设施的设计使用年限；而经济寿命是指设备使用到一定年限后，其效率低、耗能大、年限使用维修费提高或污染（腐蚀、排气、粉尘、噪声）等问题严重，设备要提前报废，设备的实际使用年限比设计年限要低。设备设施更新与技术改造工程就是为使其技术性能得到提高改善，并降低年使用维修成本而进行的更新改造。

对房屋设备维修工程中大、中修和更新改造工程，工程设备管理部门，应在每年年末的设备普查基础上，提出下一年度的房屋设备大修、中修或更新改造计划，上报公司批准，并经业主委员会审议通过后方可实施。

（三）物业设备管理制度

物业设备的管理制度包括：物业设备接管验收制度、物业设备预防性计划维修保养制度、物业设备的运行管理制度、值班制度、交接班制度和报告记录制度。

（四）物业设备管理模式

当前，随着物业管理产业化的发展趋势，出现了四种物业设备管理模式：

第一，物业管理公司自有独立的专业人员队伍，使用所收取的物业管理费，或利用业主所批准的物业维修基金对物业设备设施实行统一的管理。

第二，由社会建立的物业设备设施专业管理公司承包整幢楼宇或小区设备系统全部或部分的运行管理，专业公司与业主或物业服务企业之间用契约形式确定彼此的责权利、确定服务质量标准和赏罚规则。

第三，几家中小型物管公司共同出资建立设备管理公司，吸引高质量人才，降低各家公司管理成本，专门为各出资方解决设备设施的维修与保养问题。

第四，物业设备设施专业管理公司带资参建，成为业主的合作伙伴。公司投入的是设备系统，取得的回报是投运以后的物业管理费、设备折旧费和能源费。用户入户之后就如同缴付水电费、电话费一样按月或按年度向物业设施管理公司缴付设备管理费。设备系统产权归物业设备设施专业公司。

三、环境管理

在物业服务管理中，环境管理包括绿化管理、车辆管理和环境卫生管理。

（一）绿化管理

1. 园林绿化的养护

从职能上分析，对园林绿化的养护是物业绿化工作的核心，又是日常性的服务内容之一。物业园林绿化功能的正常发挥，体现在植保的技术和水

第九章 不动产综合服务管理

平上。

园林绿化的养护管理工作内容,一般包括浇水、施肥、整形、修剪、除草、松土、防治病虫害等。不同类型的绿化养护又有不同的要求。

园林绿化的建设与养护离不开广大住户的参与、配合。同时,它又是一项专业技能很强的工作,当物业服务企业不具备独立作业能力,或管理规模效益无法实现时,常常将其中的部分或全部工作,委托专业承包商去完成。

2. 园林绿化的管理

为了搞好园林绿化管理工作,物业服务企业需制定并切实有效地贯彻执行有关规章制度,包括岗位制度和工作管理制度两大类。岗位制度包括园林绿化服务中心主任副主任工作职能与岗位职责、园林绿化服务中心管理员岗位职责(内、外)、花圃园艺工(景观设计师)岗位职责、园林修剪工职责、绿化养护人员职责等岗位职责。园林工作管理制度有:绿化管理规定、绿化管理考核标准、绿化美化达标要求、绿化工作程序及检查标准、绿化养护要求和达标标准、绿化草地养护标准、园林机械的操作规程等。

(二)车辆管理

1. 车场的规划与管理需求

随着人们生活水平的提高,对用车的需求越来越广泛,物业区域内停放车辆不断增多。随之而来,用户对车场的需求就日显迫切。早期开发的不动产,由于缺乏停车场或车位严重不足,给使用者带来诸多不便,并且停泊位置的规划没有从环境质量的全局上考虑,结果出现小区交通组织不当,噪声干扰严重,以及由车位配置不合理造成使用不便等问题,给物业服务工作带来很多麻烦。因此,搞好车场的规划与车辆的安全管理是不容轻视的问题。

2. 停车场的规划及设置

进入21世纪,不动产项目建设的一个明显的趋势就是注重物业的配套建设。停车场合理规划、人车分流是现代人居环境的一个重要指标之一。

3. 停车场的分类

停车场本身又是一种特殊的不动产,同时又是不动产项目建设的功能配套项目。认识停车场的分类与权属是开展管理工作的前提。

按车辆的类型不同可分为:汽车、摩托车、自行车和特殊车辆的停车场。按停车场的分布又可分为:私人车库、路旁停车区、区内露天专用停车场、绿化草坪停车场、架空层停车场、裙楼停车场、地下停车场等。按停车场的权属可分为：独立所有权停车场和区分所有权停车场，公共临时停车场（道路旁和地下防空设施）和私有停车场（开发商权属或已出售转移业主权属）。

随着我国关于停车场管理的法律法规的逐步健全，将有利于开展科学有效的停车场管理，减少因此而产生的各种矛盾与纠纷。

4. 停车场管理制度

停车安全管理需要有完善的制度，如停车场安全管理制度、停车场经营管理制度、停车场安全服务规范等管理制度。

（三）环境卫生管理

1. 环境卫生管理的工作对象、范围

环境卫生管理的工作对象包括户外道路、地面铺装、庭院绿化、景观小品、挡墙围（护）栏、环卫设施、物业管理设施及用房等。环境卫生管理工作的范围，一般应包括室外卫生管理、楼内保洁与消毒、垃圾的分类收集和清运、有毒、有害物质的预防与整治四个方面。

开展环境卫生管理必须具备专业化的工具、设施和用材。这些工具设施可以包括清扫车、垃圾运输车、洒水车、吸尘器等环卫设备，垃圾清运站、垃圾桶、果皮箱等便民设施。随着建筑用材的材质多样化和高档化，清洁卫生工具和清洁剂供需市场越来越大，需要更多专业的知识与操作技能。

2. 环境卫生管理制度

科学完善的管理制度是环境卫生管理工作顺利进行的有力保障。为此必须做到：明确要求，规定标准，计划安排，定期检查。

物业服务企业应依法制定相关的环境卫生管理工作的规章制度。例如：保洁卫生操作程序和标准、岗位职责、员工服务规范、清洁设备领用制度、操作规程以及奖惩规定等。

第二节 设施管理

一、设施管理的定义

设施管理（Facility Management，FM）一般是指以保持业务空间高品质的生活和提高投资效益为目的，以最新的技术对人类有效的生活环境进行规划、整备和维护管理的工作，它综合了工商管理、建筑、行为科学和工程技术的基本原理。供不动产（物业）"有效率"地达成其设置或使用目的机能的管理服务。设施管理服务除了基本的物业管理外，服务内容往往涉及设置或使用目的机能的"作业流程规划与执行、效益评估与监督管理"。

二、设施管理出现的背景

进入 20 世纪 80 年代后，国际不动产管理行业发生了一系列变革，促成了设施管理的产生。不动产管理行业变革主要体现在以下三个方面：

第一，建筑领域的技术革命使得物业管理的对象越来越复杂。伴随智能建筑的蓬勃发展，信息化的现代建筑设备很快地进入各种建筑，使物业管理范围内的设施设备形成庞大而复杂的系统，各项传统产业的业务也由于结合了信息技术而出现很大的变化。面对庞大而复杂的建筑系统，传统的物业管理应接不暇。

第二，社会发展要求物业提高能源利用效率。能源危机以来，如何提高能源利用效率一直是社会所关心的热点问题，"物业节能"被提高到前所未有的高度。但许多物业能源利用效率仍不尽如人意。路灯彻夜通明、用电负荷失衡、给排水管道跑冒漏滴、公用水阀细水长流、供暖空调温度不稳、室内空气严重恶化、自控设备失常运行等现象普遍存在。面对新的要求，传统物业管理粗放的经营模式显得捉襟见肘。

第三，产业价值链分解与非核心业务外包促进了设施管理行业的产生。随着经济全球化的发展，企业之间的竞争越来越激烈。为了有效面对竞争，企业不得不集中精力关注其核心业务，而将以不动产为主的非核心业务外包给专业公司进行管理。同时，公司的不动产部门或者被解散，或者独立成专业的物业管理或设施管理提供商。产业价值链分解和非核心业务外包推动了不动产行业的专业化，促进了设施管理行业的产生。

三、设施管理的特点

（一）具有战略性

设施管理是从客户的需求出发，对企业所有非核心业务进行总体性策划，以达到降低运营成本、提高收益的目的，最终实现提升客户营运能力的目标，具有很强的战略性。

(二)提供专业化、精细化管理

设施管理从物业的成本分析、空间规划、标准制定、能源审核、风险许诺和发展策略方面为投资者提供专业化、精细化的服务，与建筑、不动产、经营、财务、心理、环境、信息等多个领域密切相关。另外，设施管理基于信息化技术，运用科学的方法对客户的业务流程进行研究分析，寻找控制重点并进行有效的优化、重组和控制，实现质量、成本、进度、服务总体最优的精细化管理目标。

(三)实现保值与增值

设施管理应用各种高新技术，向客户提供各种高效增值服务，以改善客户运营能力，提高收益。它从战略层次的高度和动态发展的全局整合的理念出发，在保证物业"保值"的基础上，还要实现物业的"增值"。

(四)关注生命周期

设施管理关注物业的整个生命周期，提供策略性长期规划，贯穿到物业或设施的可行性研究、设计、建造、维修及运营管理的全过程之中。

第三节 房地产经纪

一、房地产经纪的含义

(一)房地产经纪的概念

房地产经纪是指以收取佣金为目的，为委托人提供房地产信息和居间代理业务的经济活动。房地产经纪是基于不动产这个特殊的市场而产生的，是房地产经纪机构和房地产经纪人员向进行房地产开发、转让、抵押、租赁等房地产经济活动的当事人有偿提供不动产咨询、居间、行纪、代理服务的经营性服务。房地产经纪通常指二手房的中介业务，包括二手房买卖中介业务和二手房租赁中介业务。

(二)房地产经纪的发展

房地产经纪的历史悠久长远。早在元代时从事房屋等不动产经纪活动的人已是大量存在，当时从事房屋买卖混合的中介经纪活动即被称之为"房牙"。不管年代的更迭，这项经济活动一直延续下来。

二、房地产经纪活动的主要内容与形式

(一) 房地产经纪活动的主要内容

房地产经纪是一种专业性的营业或职业活动。其活动的主要内容有：①从事现房交易活动，为买者代买或为卖者代卖，交易成功，获取一定佣金；②从事期房交易，代买者买进或代卖者卖出，交易成功，按一定比例提取佣金；③从事地产交易，为用地者找到地源；④从事房地产抵押业务，为产权人申请抵押贷款，办好有关手续；⑤从事房屋租赁代理；⑥从事有关房地产的合资、合作或联营的项目交易活动；⑦从事有关房地产的广告策划、过户纳税、产权调换、售后服务等代理活动。

(二) 房地产经纪活动的形式

1. 房地产居间

居间，通俗地说就是做中间人。居间是一手牵两家：上家和下家，并在两者之间起一种沟通、促进和平稳的作用。房地产居间，是指房地产经纪人在房地产经营活动中以自己的名义、作为中介人为委托方提供房地产成交机会或撮合委托方与他方成交，并取得报酬的商业服务活动。在房地产居间活动中，一方当事人为居间人(中介人)，即房地产经纪人，另一方为委托人，即与居间经纪人签订居间合同、协议的当事人，或为委托人，或有可能为委托人交易的交易方。

2. 房地产代理

房地产代理是指房地产经纪人受委托人的委托，在委托权限内，以委托人的名义与第三方进行交易，并由委托人承担相应的法律责任经纪活动。

随着我国房地产产业的迅猛发展和人民生活水平的逐步提高以及生活的个性化，房地产无论是作为生活的必需品，还是作为投资品种，经营对象，已成为社会经济中最活跃的因素之一。为了适应不同职业投资需要，房地产经纪根据其服务内容的不同进一步又可以细分为房地产买卖居间、房地产投资居间、房地产抵押居间、房地产租赁居间等形式。

3. 房地产经纪收入的来源和性质

房地产经纪收入主要是佣金，其次还包括信息费。

佣金是经纪收入的基本来源，其性质是劳动收入、经营收入和风险收入的综合体。它是对经纪机构开展经纪活动时付出的劳动、花费的资金和承

担的风险的总回报。

佣金可分为法定佣金和自由佣金。法定佣金是指经纪机构从事特定经纪业务时按照国家对特定经纪业务规定的佣金标准收取的佣金。法定佣金具有强制力，当事人各方都必须接受，不得高于或低于法定佣金。

三、房地产经纪制度

随着我国房地产经纪行业的发展，多个相关的行业制度颁布实施，行业管理和法律法规建设对行业的健康、有序发展，起到了积极的作用。

（一）《房地产经纪管理办法》

《房地产经纪管理办法》是房地产经纪行业发展多年以后，第一部全国统一管理法规，使房地产经纪公司在业务操作时有了明确的统一标准，房地产经纪行业的规范框架有了突破性的进展。该办法的颁布与实施，有助于进一步规范房地产经纪行为，让广大群众买房放心、买房省心、租房安心。

（二）房地产经纪人资格认证管理制度

自20世纪80年代后期以来，随着房地产交易量日益扩大，房地产经纪人从业人员队伍迅速发展成为一支数以十万计的职业大军，在房地产开发、销售、租赁、购买、投资、转让、抵押、置换及典当等各类经济活动过程中，以第三者的独立身份，从事顾问代理、信息处理、售后服务、前期准备和咨询策划等工作，而且其从事的职业活动也随社会经济发展而进一步拓展，从规划设计、建造运筹、经营促销到物业管理的咨询策划，全方位地融入房地产经营开发的全过程，对促进房地产业的正常发展，日益发挥着不可替代的巨大作用。

（三）房地产经纪服务市场监管制度（即营业保证金及其管理）

房地产经纪发达的国家和地区先后建立起房地产经纪保证金制度，为房地产经纪服务的规范化运作起到了重要的保障性作用。

当持有销售员牌照或经纪人牌照的房地产经纪人员的违规违法行为给客户造成损失，除会受到暂停或吊销牌照的相应处罚外，受害人可以起诉牌照持有人或其所属公司，从而获得法律判决。但有个别情况，由于被告偿还能力不足，导致一些判决不能执行，这时可以动用房地产保证金来偿还那些不能执行的判决，以保护公众的利益。

第十章 不动产的资产管理

第一节 不动产资产管理概述

一、资产与不动产资产

（一）资产及不动产资产的含义

资产按照《辞海》的解释：其一是资产即财产；其二是会计用语中的"负债"的对称。《经济学新词典》把资产解释为资本机能形态，如存款、债权、商品材料、半成品及生产设备等。《现代经济词典》提出："资产是由企业或个人拥有并具有价值的有形的财产或无形的权利"，并认为"资产之所以对物主有用，或者是由于它是未来事业的源泉，或是由于它可用于取得未来的利益"。

资产有广义和狭义之分。狭义的资产是某一时点或者某一特定时期，某特定主体拥有和支配的投入经济运营并可以带来增值的财产；而广义的资产则是指动态观念上的自然、社会和经济意义上的财产。并且，对于宏观管理者来说广义的资产比狭义的资产更加重要。

资产最一般的特性是收益性，即与普通意义上财产根本区别在于，资产能够通过生产经营活动不断增值，成为资产拥有者一笔源源不断的收益来源。

资产的另一个特征是具有明确的产权关系，资产的所有者有对资产占有、使用、收益和处分的权利。在所有权和使用权分离的情况下，资产使用者虽然不具有资产的所有权，但可以通过某种方式取得资产的使用权，并享有资产使用权所衍生出的一定权益。

资产还表现出多样化的特征。从形态上看，既有以实物形态存在的资产，如土地、房屋、建筑物、机器设备等，也有以非实物形态存在的资产，如专利权、商标权、著作权等。通常称前者为有形资产，称后者为无形资产。显然，不动产属于有形资产的范畴。

（二）不动产资产管理的含义

不动产作为一种有形资产，不仅是人类赖以生存和发展的物质基础，而且通过合理地开发利用，能够为社会带来巨额收益。因此，要从不动产资产性的特性出发，对其实施资产化管理。

从国家行政管理的角度，不动产资产管理是指国家对不动产资产的占有、开发、利用、流转和收益分配等经济活动，进行计划、组织、监督和控制的一系列活动。对不动产实行资产化管理的实质是对属于国家、集体和个人所有的不动产实施所有权管理，其核心是以产权职能规范政府的管理行为，以合理的产权制度引导不动产使用者的经济行为。从不动产权益的角度看，不动产资产管理是指不动产的资产所有人自己或委托专业机构将其有形的房地产资产进行管理，以实现资产所有人所期望的资产增值目标的行为。

二、不动产资产管理的特点

（一）服务于不动产资产增值的整条产业链

不动产资产管理是一个针对资产的管理增值过程，其中包括了一系列密切相关的管理、增值活动，从房地产资产或项目并购前的战略管理到房地产资产或项目并购再开发中的项目咨询，再到房地产资产或项目并购后的市场整合及营销管理，形成了一个严密服务于房地产资产增值完整的管理链条。

（二）不动产资产管理是一个系统行为

区别于传统房地产行业的一次性开发获利行为，不动产资产管理要求在资产管理过程中，做好每一环节的工作，弥补前面工作的漏洞（负反馈），为后面工作的开展打好基础（正反馈及输出）；空间上的整合要求资产管理当中的各组织部门要达到有效协调、沟通，充分发挥团队精神及作用。不动产资产管理是针对房地产资产进行的一系列收购、转让、经营、管理、开发等管理行为，需要很强的系统操作能力和运作能力才能够支配。

（三）不动产资产管理的核心任务是实现不动产资产增值

不动产资产管理过程是以资产增值为核心进行的管理过程，而不动产资产管理企业则是以最大限度地增加股东价值为目标的企业。以资产增值为核心的房地产资产管理行为不仅仅是某些解决方法的简单运用过程，而是通过不动产资产管理使企业自身强大的投融资实力、解决经济法律问题的专业能力和对市场问题的良好解决能力，为不同形式的不动产资产提供整体解决方案。

第二节 国有不动产资产管理

一、国有不动产资产的范围

（一）国有土地

根据《中华人民共和国土地管理法》和《中华人民共和国土地管理法实施条例》规定，下列土地属于全民所有土地即国家所有土地：①城市市区的土地；②农村和城市郊区中已经依法没收、征收、征购为国有的土地；③国家依法征用的土地；④依法不属于集体所有的林地、草地、荒地、滩涂及其他土地；⑤农村集体经济组织全部成员转为城镇居民的，原属于其成员集体所有的土地；⑥因国家组织移民、自然灾害等原因，农民成建制地迁移后不再使用的原属于迁移农民集体所有的土地。

（二）国有房产

国有房产是指归国家所有的房产。包括由政府接管、国家经租、收购、新建以及由国有单位用自筹资金建设或购买的房产。国有房产分为直管产、自管产、军产三种。直管产是指由政府接管、国家经租、收购、新建、扩建的房产（房屋所有权已正式划拨给单位的除外），大多数由政府房地产管理部门直接管理、出租、维修，少部分免租拨借给单位使用。自管产是指国家划拨给全民所有制单位所有以及全民所有制单位自筹资金购建的房产。军产是指中国人民解放军部队所有的房产，包括由国家划拨的房产、利用军费开支或军队自筹资金购建的房产。

二、国有不动产资产的取得

（一）国有土地的形成

中华人民共和国成立后，针对不同性质的土地，分阶段有分别地逐步实现了城市土地国有化。

1. 采用赎买方式变为国有土地

中华人民共和国成立以后,没有没收民族资本主义工商业、私营房地产公司和房地产业主的城市地产。后来,这类资本主义性质的地产,是通过社会改造,用赎买的办法变为国有的。但改造资本主义工商业地产与改造私营房地产公司和私有房地产业主的地产在具体做法上有所不同,改造时期也不尽相同。

2. 通过法律程序,将城市其余尚未国有化的土地变为国有土地

经过接管和没收以及社会主义改造,并经过征收土地,绝大多数土地已成为国有,但还有少量土地仍属于集体和个人所有。属于集体所有的土地主要是城市中的个体劳动者在组成合作社时,将他们的作业场所入股,并为合作社的作业场所所占用的土地。属于个人的城市土地,主要是个人自住房屋及当时在社会主义改造起点以下的个人出租房屋的宅基地。

3. 非国有土地变为国有土地

中华人民共和国成立后,国家在城市进行了大量的经济、文化和国防建设,兴办了许多社会公共事业,开辟了许多新的工业区,新建了一大批城市。城市建设需要的土地,少量是靠原国有土地解决,大量需要依靠征收城市非国有土地。征收的土地所有权属于国家,用地单位和个人只有使用权。

(二)国有房产的形成

国有房产又称为公产房,按照产权人的不同又分为三种:

第一种是直管公有住房。直管公有住房指由政府接管,国家出租、收购、新建、扩建的住房,大多数由政府房地产管理部门直接管理出租、修缮,少部分免租给单位使用的住房。

第二种是单位自管产。自管产由全民所有制和集体所有制等单位建设,以实物的形式分配给城镇居民,收取低廉租金。

第三种公产房。公产房是由行政事业单位作为产权人,分配或出租给单位员工居住使用的房屋。

三、国有建设用地的供应

(一)国有土地供应的基本条件

国有建设用地供应的基本条件包括以下几个方面:①符合规划。建设用地的供应必须符合土地利用总体规划和城市规划等项规划的要求;②符

合国家的土地供应政策。应根据不同类别的项目和国家产业政策进行供地；③符合建设用地标准和集约利用的要求。供地前应充分核实项目用地是否符合用地标准和集约利用的要求；④划拨方式供地必须符合法定的划拨用地条件。划拨用地应根据《土地管理法》《城市房地产管理法》《物权法》规定，严格按照《划拨用地目录》范围和要求供地；⑤新增建设用地符合农用地转用和征收条件。新增建设用地属于农用地的，必须按照《土地管理法》规定，办理农用地转用和征收手续后，才能供应。

（二）国有建设用地的供地方式

1. 国有建设用地使用权的划拨

划拨土地使用权是土地使用者经县级以上人民政府依法批准，在缴纳补偿、安置等费用后所取得的或者无偿取得的没有使用期限限制的国有土地使用权。

建设单位使用国有土地，应当以出让等有偿使用方式取得；但是，经县级以上人民政府依法批准，可以以划拨方式取得。国有土地使用权划拨供应具有如下特点：①以划拨方式取得的土地使用权没有期限的规定；②以划拨方式取得的土地使用权不得从事转让、出租、抵押等经营活动，即不得流转，如果需要转让、出租、抵押的，应当办理土地出让手续或者政府批准，土地使用者不需要使用该土地时，由政府无偿收回土地使用权；③划拨土地使用权用途未经批准不得改变，需要改变用途的需批准。改变用途后，不属于划拨范围的，要实行有偿使用；④取得划拨土地使用权，只需缴纳国家取得土地的成本和国家规定的税费。

2. 国有建设用地使用权出让供应

国有土地使用权出让是土地使用者以向国有土地所有者代表支付出让金为代价而原始取得土地的有限期的国有土地使用权。

土地公开出让方式包括招标出让、拍卖出让、挂牌出让和协议出让。按照《招标拍卖挂牌出让国有土地使用权规定》的解释，招标出让国有土地使用权是指市、县人民政府土地行政主管部门（以下简称"出让人"）发布招标公告，邀请特定或者不特定的公民、法人和其他组织参加国有土地使用权投标，根据投标结果确定土地使用者的行为。拍卖出让国有土地使用权，是指出让人发布拍卖公告，由竞买人在指定时间、地点进行公开竞价，根据出价结果确定土地使用者的行为。挂牌出让国有土地使用权，是指出让人发布挂牌公告，按公告规定的期限将拟出让宗地的交易条件在指定的土地交易场所挂牌公布，接受竞买人的报价申请并更新挂牌价格，根据挂牌期限截止时的出价结果确定土地使用者的行为。出让国有土地使用权，除依照法律、法规和规章的规定应当采用招标、拍卖或者挂牌方式外，方可采取协议方式。协议出让国有土地使用权，是指国家以协议方式将国有土地使用权在一定年限内出让给土地使用者，由土地使用者向国家支付土地使用权出让金的行为。根据《协议出让国有土地使用权规定》规定，协议出让最低价不得低于新增建设用地的土地有偿使用费、征地（拆迁）补偿费用以及按照国家规定应当缴纳的有关税费之和；有基准地价的地区，协议出让最低价不得低于出让地块所在级别基准地价的70%。

四、国有土地使用权的收回

（一）收回土地使用权行为的法律性质分析

1. 行政处罚的"收回"

行政处罚的"收回"，是指因土地使用者违反了法律法规禁止性规定，被人民政府或土地行政主管部门依照法律法规的规定收回土地使用权。这种"收回"，首先，是因为土地使用者发生了法律法规禁止的行为，其次，法律法规规定，对这种违反法律法规行为必须给予无偿收回土地使用权惩处。

2. 土地使用权期满的"收回"

土地使用权期满的"收回"，是指出让的国有土地使用权期满后，由于土地使用者未申请续期，或者虽申请续期但未获批准，依照出让合同的约定，土地使用权由国家无偿收回。

3. 其他法定事由的"收回"

其他依法定事由的"收回"，是指土地使用者在没有违反法律法规禁止性规定的情况下，因发生某种法律法规规定应当收回土地使用权的事件，而被土地行政主管部门收回土地使用权。

（二）收回国有土地使用权的具体范围

为公共利益需要使用土地的，包括城市基础设施、公共事业建设、国家重点扶持的能源、交通、水利、矿山、军事设施等建设需要使用土地的，不管是划拨土地还是出让未到期的土地，经过政府批准都可以行使国有土地收回权。

为实施城市规划进行旧城改建，需要调整使用土地的。城市国有土地使用权是城市旧城改造中遇到的难题。实际上旧城改造不是将土地使用权收回，而是要对土地使用权进行重新调整。

土地出让等有偿使用合同约定的使用期限届满，土地使用者未申请续期或申请续期未经批准的。这在《城市房地产管理法》中规定"土地使用权出让合同约定的使用年限届满，土地使用者需要继续使用土地的，应当至迟于届满前一年申请续期，除根据社会公共利益需要收回该幅土地的，应当予以批准"。关于这类土地使用权收回的，土地使用权国家将不予补偿。

因单位撤销迁移等原因，停止使用原划拨的国有土地的。因法律规定，国有划拨土地不得出租、转让等，只能供批准的用地单位按批准的用途使用，如果单位撤销或迁移不再需要使用，则交回国家。因划拨土地不适有偿使用的，土地使用权不予补偿。如果单位需要将土地和地上建筑物转让，应当补办出让手续，对土地按有偿使用的办法处理。

公路、铁路、机场、矿场等经核准报废的。按规定这部分土地是采用划拨方式提供的，不给予补偿。

违约收回土地使用权。是指国家对土地使用者不按合同约定日期和用途使用土地的，收回土地使用权。以出让方式取得的土地使用权，必须遵守出让合同约定的土地用途、开工期限。不按批准的用途使用土地的，或者满二年未动工开发的，可强制性收回土地使用权。划拨土地使用权未经原批准机关同意的，连续两年未用或不按批准的用途使用土地的，经县级以上政府批准，收回用地单位的土地使用权。

第三节 公司不动产资产管理

一、公司不动产和公司不动产管理

公司不动产是指使用不动产作为经营、研发、生产场所的公司，在公司经营过程中涉及的不动产。

公司不动产和商业不动产的主要区别在于运营主体的主营业务不同，商业不动产是由房地产开发企业运营，构成了房地产开发企业的主营业务，是企业主营业务收入来源。但公司不动产的用户大多是企业，每个企业都会因为经营需要通过自建、租赁或购买等不同方式持有不动产，拥有使用权或所有权，并进行相应的管理和日常经营，为公司的主营业务提供辅助工作。公司不动产已经在企业全部资产中占有很大比重。

公司不动产按照业态分类，可以分为：办公楼、工业厂房、商铺、研发中心、仓库等，也有混合多种业态的公司不动产类型，如工业园区等，不动产具有自身独具的特征，包括自然属性和经济属性。①公司不动产具有自然属性。首先是空间上的固定性，即具有不可移动性。地段决定了公司不动产的现在资产价值和未来价值增值潜力。其次，不动产及其设施相对其他资产来说，不动产的使用周期、开发周期长，公司不动产从选址、策划设计到竣工建成，开发周期一般需要2～4年，即使是原有不动产的翻新改造也需要1～2年的时间。再次，不动产具有稀缺性和排他性，由于土地位置、条件、环境、气候等不同，由于建筑物的设计、结构、空间布置等不同，公司不动产在特定位置具有垄断性和独占性。②公司不动产还具有经济属性。首先，不动产的价值规模大、价格高，是企业资产的重要组成部分。公司不动产的经济价值不仅需要考虑企业本身的需要，而且受到建筑物的物业情况、商圈、城市基础设施等外部环境的影响。其次，不动产具有多层次性，不动产既是企业的消费品又是企业的投资品，既是企业的成本又是企业的资产，公司不动产管理是企业资产管理的基础。最后，公司不动产的价值会随着土地的价值升值，具有价值增值潜力。

二、公司不动产资产管理的内容

（一）公司不动产的投资管理

1. 公司不动产的需求评估

公司不动产管理部门需要根据公司的整体战略规划来制定经营层面的整体规划，并在某一特定市场区域围绕主营业务进行需求评估。公司不动产的需求评估是不动产管理的决策基础，公司不动产的需求评估包括评价公司的业务需要变化、评估公司的外部环境变化，如成本因素等，另外还需要评估公司现有的不动产使用状况。

2. 公司不动产的选址

公司不动产的选址一般包括办公场所、生产基地、研发中心、成立分公司、库房等的选址。选址往往是经营的第一步，是决定企业的效率和成本的重要因素，有时甚至会决定企业的成败，如餐饮连锁、加油站、百货超市等面向市场的企业，错误的选址也往往会导致企业经营的失败。公司不动产的选址需要从宏观、中观和微观三个层面多个因素进行综合考虑。

宏观因素包括企业在选址时要考虑当地的气候、自然条件，当地的地理环境、环保和市场情况，以及区域的经济发展状况和未来发展潜力。另外，地区的交通状况和水电、能源等供给状况也是重要的考虑因素。公司在选址时还应考虑该区域的人力资源及人力资本状况、政府的产业政策、税收政策等。企业的产业环境主要有成本因素、产业链的集聚度、政府的产业政策等。成本因素包括土地成本、人力成本、水电，还有物流成本、交易成本等。产业链的集聚度越高就会为企业提供更成熟的市场、提供更专业的配套服务。产业政策有当地政府的税收优惠政策、土地政策，环境保护等。

中观层面，选择决策还应考虑公司所属的产业群属问题，相关产业的聚集能够产生外部经济性，而且供应链相关的上下游企业让公司能够降低物流、交易和时间成本，使得企业获得较高的收益。公司选择还要考虑配套设施。企业适合入驻的办公场所必须具备完善的配套设施，包括市政配套、商务设施和文化教育设施等。

在微观层面，首先公司要考虑自身企业的产业定位，是面向市场的、面向原料、面向劳动力的产业还是自由产业，因为不同的产业形态对公司选址考虑的重点是不一样的。办公物业的租金和日常的运营成本的高低，是企业选址从微观层面考虑的影响因素之一；微观层面考虑的第二个因素是办公物业的硬件设施条件，如可以从物业的智能化角度考虑，即从 OA（办公自动化）、BA（楼宇自动化）、CA（通信自动化）、FA（消防自动化）、SA（安保自动化），除此之外，还包括所用的建筑技术、建筑材料、标准层高、标准承重、弱电系统等。公司不动产的选址还需要好的软件来配套，即是否提供优质高效的设施管理、物业管理及人性化、专业化的商务服务，包括不动产的用水、用电、安保、垃圾清运、空调供应、车位管理等各方面问题。另外，企业形象也是选址的一个重要微观因素。

3. 公司不动产的取得

对于需要不动产的企业来说，获得不动产的主要方式有三种：租赁、购置和自建。自建和购置不动产都需要企业外部融资来支付价款，这对公司的偿债能力、流动能力要求很高。在公司做出决策时，需要考虑自身的长远战略规划，需要做细致的财务分析，另外还需要考虑公司的企业文化需要、融资能力等方面。不动产的不同获得方式各有利弊，管理者需要进行多维度衡量。

（二）不动产的处置管理

1.公司不动产的出售

公司出售其拥有的不动产主要出于两点考虑，一是公司战略调整需要退出部分市场，二是企业为了获取不动产投资的资本利得，另外做出迁址的同时也面临如何出售以期卖个好价钱的问题。①公司的战略调整需要。当公司的外部环境发生变化、竞争加剧，企业需要在某些地区做出战略收缩，将资源集中在重点区域市场、并削减成本，往往需要做出出售部分不动产的决策，以利于公司整体战略调整。②由于现有的不动产利用效率降低、价值被低估，公司出售不动产获取资本利得；另外也有可能在过去购买了低价的不动产，在不动产市场升值时通过出售获得资本利得，获取不动产的投资收益。

2.公司不动产的出租与分租

公司不动产管理部门一项很重要的工作就是寻找合适的租户，将公司闲置的不动产出租、分租出去，以获得持久和稳定的租金收入。首先，不动产管理部门需要制订一个管理计划，包括公司不动产本身情况分析、周边商用不动产情况分析、营销策略以及公司对不动产的财务目标，最后，是管理者制定的应对策略。

（三）公司不动产的使用管理

1.公司不动产的使用、维护与管理

公司不动产的使用、维护管理主要包括三部分内容：物业管理、基础设施管理和公共服务设施管理。公司不动产管理部门应该把精力更多集中在战略层面，而不是在具体的管理工作执行上，所以将基础管理等外包给下游的专业公司，对大多数公司来说是明智之举。

2.公司不动产的更新改造

（1）公司不动产的翻新

翻新提高了公司不动产的利用效率，带来新的价值和收益的增长，不动产翻新有以下作用：①通过不动产的内部翻新以及设施的改善、完善和提高不动产的附加功能，使得公司不动产的使用效率更高，能够满足公司对空间的需求；②创造美观的场所空间，更符合公司发展的需要或者满足未来承租者的需要；③公司不动产在翻新过程中，可以伴随着不动产的用途改变、扩建交叉进行，以达到空间的综合利用。

（2）公司不动产的改造

公司不动产改造有很多原因，如建筑物已经陈旧，设施已到使用年限，或者现有的建筑空间无法满足公司需要，必须进行内部改造。引入新设备、新设施也需要对原有的建筑物进行改造。不动产进行改造的作用有以下几方面：改变不动产的原有用途、在功能上进行革新。

（四）公司不动产的价值管理

1. 公司不动产的价值评估

不动产价值评估包括对现有不动产的价值评估和对新持有不动产的价值评估，通过对现有不动产价值评估来为公司做出相关决策提供依据，如现有不动产的利用效率、如何选址定位、是否出租部分不动产等。对新持有不动产的价值评估，利于判断该不动产是否达到公司的整体价值目标。

2. 公司不动产的出售回租

出售回租是融资租赁的一种形式，指拥有不动产的企业通过出售回租协议出售不动产，然后再租回使用，出售回租在不动产管理中具有重要地位。

3. 公司不动产证券化

不动产证券化是将在实物形式上不能流动、切割的不动产，转变为证券投资形式，物权关系转变为债权或者所有权关系。

证券化后，原本不能分割、流动的不动产成普通投资者可以投资、交易的金融产品，不动产证券化为公司直接融资提供了另外一个途径，便于小投资者投资商业地产，同时便于企业处置不动产。

不动产证券化是一种新的融资手段。公司独立开发或者与开发商共同开发，通过发行小份额、可流通的证券获得直接融资，可以降低企业的筹资成本。通过证券化，对于难以直接进入资本市场发行债券、股票来融资的企业来说意义更加明显。

不动产证券化也是一种资本运作手段。一般认为不动产的收益率比较稳定，收益率较高，不动产证券受到越来越多的投资者，尤其是投资受限的机构投资者的青睐。

增强了不动产的流动性。不动产是非流动性资产，价值量大、投资周期长、变现能力差，证券化后不动产就变成了动产，加之于证券化工具，公司可以在短期内筹集所需资金，减少投资风险，普通投资者也同时分享公司不动产的投资收益。

第四节 商业地产资产管理

一、商业地产资产

（一）商业地产的概念

商业地产是房地产中的一类，指各种非生产性、非居住性物业。商业地产是经营者为顾客提供商品交易、服务或感受体验的场所。

商业地产作为商品交易的场所，易于被绝大多数人理解。如百货商场、超级市场、专卖店及汽车销售店等都是规模不等的商品交易场所。

商业地产作为提供服务的场所。如餐饮设施、美容美发设施等，消费者在这种商铺物业里，通过得到经营者提供的服务，享受服务的品质。

商业地产作为提供感受体验的场所，如电影城、KTV量贩、健身娱乐设施等，消费者在这类商业地产里充分感受经营者创造的特别的情景、设施、氛围等，从中得到美感、娱乐、健康等，而经营者在此过程中实现收益。

相对于住宅房地产而言，商业地产具有以下特点：

1. 收益性强

住宅用房地产收益主要在售价与建造成本的差价上，而商业地产则主要是租金收入。租金收入的高低主要并不在于售出价与建造成本的对比，而受到多种因素的影响。地段的繁华程度、建成后的经营管理、商业企业的品牌商誉都会对租金收入产生影响。同时，商业地产的收益性还来自物业价值的上升，特别是在一些大都市，如我国的北京、上海、广州、重庆等。住宅房地产的收益是一次性的，虽然推行分期付款，但只是收款期的延后，收益仍然是房屋出售时就确定的。商业地产收益则是一系列的现金流，而且具有不确定性的特点。

2. 经营方式多种多样，以租赁经营为主

住宅房地产一般采用出售的方式，就算有住宅租赁的存在，也是租赁商先向房地产开发商购买后进行租赁，一般不存在房地产商直接兴修住宅租赁的现象。而商业地产则以租赁为主，通过将各个店铺出租给商业经营主体获取收益和价值补偿。商铺只租不售不仅可以科学地对整个商场进行业态业种配置，而且能保证及时进行商业布局调整。这是商业经营发挥集聚效应的首要条件，有利于顺利度过商场培育期。

3. 风险大

住宅用房地产在房屋出售后，开发商就可以获得价值补偿和收益，而商业地产的回收期更长，甚至延续到整个商业地产的存续期。住宅房地产在建筑完工房屋售出后就可以确定损益，价格的高低主要受到区位、建筑结构、建筑面积等因素的影响，这些因素在施工之前可以预先确定，施工和售出过程中不会发生太大的变化；而商业地产的收益除了受上述因素的影响外，还会受到其他因素的影响。例如，在商业地产很长的投资回收期内，周边经济环境、交通状况、人流状况、居住人群乃至政府的政策都会对收益产生极大的影响。此外，建成后商业地产的经营状况也会大大影响收益。而且，商业地产的经营一般要经过2～3年的过渡期才能趋于成熟，在这一期间内随时可能面临调整和亏损。因此，商业地产经营的风险比较大。

4. 投资规模大

购物中心、特色商业区、Shopping Mall等的建设一般都需要大量资金，而且，如前所述，商业地产经营一般还要经过2～3年的过渡期，需要有雄厚的资金准备。而且，投资收益的回收期较长也需要占用大量的资金。

5. 经营管理要求高

住宅用房地产在售出后，主要是物业管理方面的内容，而商业地产的经营，其成败直接关系到商业地产的盈利状况。同时，商业经营直接面向市场，本身就具有极大的风险，竞争也相当激烈，因而对商业地产的经营管理要求比较高。目前的商业地产开发商或者将商场出租给商业集团，或者引进具有丰富商业经验的高级人才进行商业管理，将商业作为房地产之后的后续投资项目。

6.经营内容多种多样

在同一宗商业地产中，往往会有不同的经营内容，即包括各种各样的商业经营方式和商品，有时还会涵盖大部分第三产业的内容。餐饮、娱乐、金融等服务业都会出现在商业地产的经营中。

（二）商业地产资产的管理

1.商业地产租赁价格的确定

（1）投资成本

商场的租金收入必须能在投资者预期的时间内抵偿投资成本并带来一定水平的投资回报，一般可以采用资金流量现值法估算成本租金。

（2）周边商业地产价格

周边商业地产的价格水平往往反映了该区域内商业地产供求状况和商业环境。新的商业地产租金若高于或低于周边市场一般租金水平，可能都会导致投资者利益受损，因此，新商业地产租金的确定很难摆脱其周边商业地产租金水平的影响。

（3）周边同类型商业地产的供求状况

如果周边同类商业地产很多，租金上涨的可能性就低，并且有时往往还会造成租赁价格的恶性竞争；如果该商业地产业态比较新或经营产品利润前景好，则租金上涨的可能性较大。

（4）商业地产所处的具体位置

有时商铺物业处于同一区域的不同位置，其租金水平的差异也会很大，通常在同一幢建筑中的不同楼层，其租金也会有很大差异。

（5）商店的业态

业态不同的商场，获利能力和租金承受水平都不一样。有研究资料表明，经营化妆品、珠宝首饰等商品的商店，其租金承受能力最强。

（6）经营商的类型

一般租给一个独立的大型经营商比分散小商家的租金水平低。

2.商业地产租赁价格策略

在商业地产租赁招商过程中，为了实现预期的战略目标，开发商经常会根据不同的产品、市场需求和竞争状况，采取灵活多变的租赁价格策略。

（1）动态租赁价格策略

动态租赁价格策略是商业地产租赁中惯用的手法，即是指低价入市，逐年调整的租赁价格策略。一般来说，一个新的商业地产，其经营状况都有一个由冷到热的市场培育过程，快则几个月、半年，慢则二三年甚至更长。采用低价入市、逐年调整的租价策略，与商场经营发展趋势相切合，易于得到经营者的认同，同时由于首年租金低，也容易给商家造成低成本经营的印象，便于市场的租赁招商工作。采用这种策略时，根据租约期的长短，和该商业地产未来的发展趋势，提出调整租金水平的合理方案，保证整体租金水平均衡。

（2）静态租赁价格策略

所谓静态租赁价格策略，就是在租约期内租金保持同一标准不变。一般所处地段位置较好或有经营特色的商业地产都采用这种租金策略。采用静态租赁价格策略，不仅可以提升开发企业的社会形象，而且还可以显示出商场开发商对商场的未来充满信心。此外，对于一些地段好、定位高的商业地产采用静态租赁价格策略，可以预先淘汰部分实力较低的经营者，起到对经营商的筛选作用，为后续顺利经营打下基础。

（3）免租策略

免租策略，就是在商场刚开始营业的一定经营期内。免除经营者缴纳铺位租金的义务。这种策略常被用于初始招商比较困难的商业地产，免租其实就是以最大限度的降低经营成本来吸引商家承租。免租策略实际上是一把双刃剑，一方面，它可以使商业地产在短期内达到很高的出租率；另一方面，靠免租策略招来的商家忠诚度很低，经营状况如果不理想，很快就可能撤场，商场在今后的一段时间内会面临很大的经营压力。在上海七浦路兴旺服饰市场中，由于当时其四楼和五楼租赁招商十分困难，所以最后采取了免租一年的策略，由于其主要经营的是外贸服饰批发，业态比较独特，利润较高，所以在免租的一年后商家纷纷开始续租，而且租金甚至达到了每年2.5万元/平方米。

3. 商业地产租赁营销策略

（1）广告媒体策略

广告是企业用来向招商目标群传递招商信息的一种推介方式，这种方式涉及范围广，受众多。它常常会通过报纸、杂志、广告牌、电视等表现方式，将有关招商租赁信息传递给相关的商品经营商，从而激发经营商租赁经营的冲动。

（2）招商人员推销

招商人员推销是指招商人员通过商品标牌寻找目标经营商，并与目标经营商面对面地交谈，在向其推介本商业地产租赁信息的同时，了解经营商对本商业地产的意见和建议的一种租赁营销方式。一般采用这种方式进行租赁营销的成功率比较高，但这种方式所涉及的市场范围有限，且成本（时间、资金成本）高，此外对招商人员素质要求较高。现在很多大型的高级商场主要都采用该种招商租赁的方式引进国际国内的一流品牌经营商。

（3）租赁促销策略

租赁促销是指商业地产通过减免租金、广告费、管理费或者建设费等直接的优惠活动来刺激目标经营商租赁本物业的租赁促进活动。

（4）公共关系策略

公共关系策略是借助于公共传播媒体，由有关新闻单位或社会团体进行的宣传活动，由于它是以新闻形式出现，可以引起公众的高度信赖和注意，消除其戒备心理。现在有些公司在媒介刊登的软广告就属于该种类型的租赁营销策略。

二、商业地产运营管理模式

（一）零散销售、统一经营模式

零散销售是目前大部分商业地产开发公司采取的办法。物业一旦被分割出售，就意味着一个完整的商业设施在所有权和经营权上都被彻底分割，失去了它的整体性。物业被拆零销售后，一般有两种选择，一是由开发公司招一家或多家主力商户，采取返租的形式对全部或部分物业统一经营；二是由各个业主各自经营，开发公司提供指导意见并实施物业管理。这一策略的优点是能很快收回投资，单位售价很高，同时能保证商场经营规范和经营档次，适合规模较大、潜力大的物业。采取这一方式存在的风险是，由于整体物业被拆成一个个小块，给日后的商业经营管理埋下隐患，一旦经营业绩不佳，不仅开发商品牌受损，楼盘及附近住宅物业的品质都会下降，业主和投资者也不能获得稳定的租金收益。

（二）零散销售、各自经营模式

主要是由购买商铺的业主各自进行自主经营自我管理，开发商将不再对各个业主进行指导或干预。这一模式适合规模不大、档次一般的低端商户和商业街等类型的商业地产。采用这一运营策略的优点是开发商能尽快收回投资，且平均售价较高，可以获得较多的利润。风险是开发商缺乏对项目的整体控制力，不容易对项目进行后期干预。散户自身调节的经营风险也很大。因为一个整体性差、经营格局紊乱的商场是不会有好的效益的，由于缺乏主力店，影响力相对较弱，业主受短期利益的驱动，各自小规模经营很容易改变整个商场的预期用途，容易变成街头的大排档，实际回报与预期收益可能远不如预期所得。另外，如果是商住相结合的物业，低端商户层次的下降有可能导致住宅商品房价值的下跌。

（三）整体出售、整体经营模式

采用了开发商对物业整体出售方式，开发商采取这种模式主要是对商业经营不熟悉，也不准备进入该商业领域，其企业相对实力较弱，有一定的资金压力与风险。购买者往往是对商业投资运作非常熟悉、资金实力雄厚的公司。这一策略适合于规模较小、档次一般的物业，其优点是开发商能尽快收回投资，资金风险较小，但由于一次性投入过大，与购买者谈判有一定难度，所以往往整体售价较低。

这种模式采取先租后售、租金抵房款的方式进行。即在首付一定的现金之后，用每年的房租逐年抵算房款，实际上是种按揭分期付款的方式。与一次性付款相比，这种方式的优点在于能够和经营者共担一部分风险，因而会吸引更多的投资者，有利于谈判的进行；缺点是开发商承担了一部分风险，资金回笼慢，不利于开发商下一期项目的开发。

（四）整体出租、整体经营模式

这种模式主要适用于无商业开发经验的开发商、资金实力雄厚的开发商、经营相对保守的开发商和售后返租的产权式物业开发商。

开发商采取将项目整体出租的形式，不出售物业，资源获得方式是依靠开发商自身前期的筹资及后期的项目租金来完成，后期的商业运营采用的是由商业企业统一运营或整体运营。整体租赁是指开发商不将物业出售，而将开发项目整体出租给一家商业企业，由这家商业企业对项目进行整体商业规划及经营，开发商每年向商业企业收取约定的租金。采取这一模式的开发商往往实力较为雄厚，有一定的资金支持并且与国内外著名大型商业品牌特别是连锁超市在投资开发前就组成了战略联盟来进行商业定位。

这种方式的优点是不需设立专门的经营公司和配备专业的商业人员，节省了开发的项目后期费用，且交易简单，结算方便，物业可进行抵押贷款，有利开发新的项目，物业的升值空间潜力较大，带租约更方便于日后整体的销售与租赁。而缺点是收益低，其回报率在3%～5%，租期过长，物业就算升值，其套现的难度也会使得资金不容易实现；租户的经营失败而导致没法交租的风险较大，因此对租户的风险能力评估要求准确。

这一运营管理模式的另外一个变通模式是"租售"相结合。其特点是整个物业被拆成两部分，大部分以较低价格出租给商业巨头，以获得商业巨头的资金支持与品牌影响力，小部分则拆零高价销售、各自经营。主力商户的进入，利用其强大的影响力可带来极大的人流，以提高该地段的升值潜力，同时极大地提高其他物业的租金或售价。同时还存在着上述两种运营管理模式的结合体——层（或片）与散结合出租模式，即在确定了项目的定位后，采用分层（片）出租的模式引进若干主力店，之后再利用主力店的品牌效应与其自身的影响力，对各类中小店进行招租。

（五）零散出租、各自经营模式

这种运营管理模式是开发商不出售物业，而是采取零散出租的形式，资源获得方式是依靠开发商前期自身筹得的资金及后期获得的租金，后期的商业运营管理采用的是商户各自自主经营，专业管理公司进行指导。采用这种运营管理模式的商业地产类型主要为专业批发市场和商场等。

零散出租亦称分散出租、零租，开发商在确定某一主题功能下对各个铺位进行招租，租期相对较短，一般为2～5年；开发商帮助租户统一办理相关的营业执照、税务登记，甚至代开销售发票、财务结算等，以节省商户的运营成本，以吸引更多的商户。许多成功运用该模式的案例大多为大型专业批发市场，如深圳赛格电子配套市场，华强电子世界等。当然也有处于黄金地段，专门针对国内外著名品牌的高档次的零散出租项目。这种方式有其优点，如租金很高，开发商收益容易实现最大化；物业升值空间潜力较大，容易出售；租期短，容易改变商铺的功能或转变、调整经营模式。同时也有明显缺点，表现为需设立专业的经营管理公司负责经营管理，其所支出的成本较大；需充分重视前期的市场定位，功能定位的策划工作，以防止出现与预期的不一致性；对招商能力的要求较高；对日常经营能力的要求高；其经营风险也较其他前几项大。

（六）融资基金、资产装入上市公司模式

这种运营管理模式是开发商不出售物业，而是采取零散出租的形式来进行资金的回笼，资金的获得方式是依靠开发商各种渠道的前期融资及后期的租金来完成，后期的商业运营采用的是统一经营管理，采用这种运营管理模式的商业地产类型主要为国外商业地产开发商在国内开发的大型购物中心和商场等。

商业地产项目尤其是购物中心的开发对资金要求很严格，通常情况下，开发商开发项目都是开发商自己进行一部分融资，向银行贷款一部分。但随着国家宏观调控政策的出台，使得商业银行对商业地产开发贷款的支持力度大幅下降。而房地产信托投资基金对商业地产的开放，给开发商们提供了更多的融资渠道。这种新型模式也在逐步被大多数的开发商所接受认可，并受到了地产大鳄的广泛青睐，境外融资借信托投资基金上市是他们发展的重要手段之一。

参考文献

[1] 刘守君. 不动产登记中的民法原理与实务 [M]. 成都：西南交通大学出版社，2020.

[2] 朱英，邱巍. 信息技术与不动产登记 [M]. 哈尔滨：黑龙江科学技术出版社，2020.

[3] 张玉阳，刘永胜. 不动产经纪 [M]. 北京：北京理工大学出版社，2020.

[4] 阎巍，胡卉明. 集体土地征收案件裁判思路与裁判规则 [M]. 北京：法律出版社，2020.

[5] 刘守君. 不动产登记典型判例解析 [M]. 成都：西南交通大学出版社，2019.

[6] 吕晓翠. 不动产登记 [M]. 北京：地质出版社，2019.

[7] 徐金广. 不动产登记案例与实务 [M]. 北京：海洋出版社，2019.

[8] 刘守君. 不动产登记典型案例剖析 [M]. 成都：西南交通大学出版社，2019.

[9] 杨冰. 不动产及自然资源登记 [M]. 哈尔滨：黑龙江人民出版社，2019.

[10] 钟京涛. 自然资源（不动产）确权登记与产权保护典型案例解析 [M]. 北京：地质出版社，2019.

[11] 张永红. 不动产登记实务参考手册 [M]. 银川：宁夏人民出版社，2018.

[12] 刘守君. 不动产登记收件实务 [M]. 成都：西南交通大学出版社，2018.

[13] 李恩平. 不动产登记理论与实务应用 [M]. 哈尔滨：东北林业大学出

版社，2018.

[14] 王亦白. 不动产登记审查的法理与构造[M]. 北京：中国政法大学出版社，2018.

[15] 付丽莉，李钢，尹鹏程. 不动产统一登记研究与实践[M]. 徐州：中国矿业大学出版社，2018.

[16] 韩德军. 基于不动产统一登记的土地资源资产负债核算机制研究[M]. 北京：中国社会科学出版社，2018.

[17] 夏卫生，吴建，胡敏祺. 国外不动产管理制度研究[M]. 长沙：湖南师范大学出版社，2018.

[18] 焦明连，朱恒山，李晶. 测绘与地理信息技术[M]. 徐州：中国矿业大学出版社，2018.

[19] 安连成. 民事法律制度研究[M]. 天津：天津人民出版社，2018.

[20] 朱道林. 不动产估价[M]. 北京：中国农业大学出版社，2017.

[21] 王兴敏. 不动产登记概论[M]. 北京：社会科学文献出版社，2017.

[22] 刘旦. 不动产融资模式分析[M]. 南昌：江西教育出版社，2017.

[23] 付梅臣，张建军，谢苗苗. 不动产登记原理与方法[M]. 北京：地质出版社，2017.

[24] 李炜. 不动产登记实务入门[M]. 天津：天津人民出版社，2017.

[25] 涂小松. 地籍与不动产登记管理[M]. 南昌：江西教育出版社，2017.

[26] 张富刚. 不动产登记疑难问题精解[M]. 北京：法律出版社，2017.

[27] 张珵. 不动产征收制度的基本要件研究[M]. 北京：知识产权出版社，2017.

[28] 钟京涛. 不动产登记与产权保护案例解析[M]. 北京：地质出版社，2017.

[29] 刘守君. 不动产登记典型问题解析[M]. 成都：西南交通大学出版社，2017.